Pack De Riqueza 2-En-1: Mentalidad De Riqueza Y El Dinero Que No Ves

Noa Prexton

Table of contents

Introduccion

"No es lo que ganas lo que te hace rico; es lo que repites sin darte cuenta." Esa frase puede sonar como una provocación, pero en realidad es una radiografía. La riqueza —la de verdad, la que se mantiene, la que da libertad en vez de ansiedad— rara vez nace de un golpe de suerte o de una sola decisión brillante. Nace de lo que haces cuando nadie está mirando, de cómo respondes a lo cotidiano, de las rutinas silenciosas que se vuelven normales y, con el tiempo, inevitables. Si hoy te cuesta avanzar aunque trabajes mucho, si sientes que el dinero entra y sale como agua, o si estás en un punto donde ganas más que antes pero sigues con la misma inquietud, es probable que no te falte información. Lo que te falta es un sistema que te sostenga cuando tu motivación desaparece, y una mirada honesta sobre esas pequeñas fugas que no se ven, pero que drenan tu futuro.

Este pack 2-en-1 cambia el juego precisamente por eso: no se basa en promesas grandilocuentes ni en fórmulas mágicas. Te propone algo más incómodo y mucho más poderoso: mirar de frente lo que repites sin darte cuenta. Porque la mayoría de las personas no pierde dinero por no saber. Lo pierde por automatismos. Por decisiones que parecen pequeñas, por hábitos que se justifican con "me lo merezco", por compras que funcionan como anestesia, por la necesidad de demostrar, por la ansiedad de no quedarse atrás, por un miedo silencioso a que la estabilidad sea aburrida, por una lealtad invisible a una identidad antigua que se resiste a cambiar. Y, al mismo tiempo, la mayoría de las personas no construye riqueza por falta de capacidad. No la construye porque su mentalidad y su día a día están desalineados: una parte quiere libertad, otra parte se aferra al impulso; una parte sueña en grande, otra parte se sabotea con decisiones que parecen inocentes.

Aquí es donde este libro se vuelve distinto. Une dos fuerzas que suelen tratarse por separado, como si no se tocaran. Por un lado, la mentalidad que crea riqueza: la forma de pensar que hace que el dinero se convierta en herramienta, que el tiempo se vuelva aliado, que las decisiones de hoy protejan a tu yo de mañana. Por otro lado, las fugas invisibles que la destruyen: esos agujeros pequeños que no se notan en el momento, pero que con los meses se convierten en un problema estructural. Y cuando digo "fugas", no me refiero solo a gastos. Me refiero a energía, enfoque, claridad, autoestima, atención. A esa sensación de estar siempre empezando de nuevo. A la niebla mental que hace que pospongas lo importante y persigas lo urgente. A la fricción interna que te hace prometerte cambios y luego volver, casi sin sentirlo, al mismo lugar.

Lo que tienes en tus manos no pretende convertirte en una persona perfectamente disciplinada ni obligarte a vivir con rigidez. La idea no es transformarte en alguien que "nunca falla". La idea es construir algo más realista y más efectivo: un sistema personal que funcione incluso cuando estás cansado, distraído o emocional. Porque la vida no se vive en modo ideal. Se vive en días normales, con estrés, con tentaciones, con presión social, con cansancio acumulado, con incertidumbre. Y en esos días, lo que te salva no es tu fuerza de voluntad; es tu diseño. Lo que has construido de antemano para que tus decisiones no dependan de tu estado de ánimo.

Piensa en esto: casi todos tenemos un "modo automático" financiero y emocional. Un conjunto de reacciones que se activan ante ciertas situaciones. Cuando te sientes inseguro, haces X. Cuando estás agotado, haces Y. Cuando te comparas, haces Z. No lo eliges con calma; simplemente ocurre. Y luego lo justificas. No porque seas incoherente, sino porque tu mente está diseñada para protegerte del dolor, evitar el esfuerzo y buscar alivio rápido. El problema es que esa protección, cuando se convierte en hábito, puede salir carísima. Puede costarte años. Puede costarte oportunidades. Puede costarte paz.

Este libro te va a ayudar a identificar tus patrones con una precisión que no es moralista ni superficial. No se trata de "portarte bien" con el dinero. Se trata de entenderte. De ver la lógica interna detrás de tus decisiones. ¿Qué emoción estás intentando calmar cuando gastas de cierta manera? ¿Qué miedo aparece cuando piensas en ahorrar o invertir? ¿Qué historia te cuentas cuando decides posponer una conversación importante o cuando evitas mirar tus números? ¿Qué parte de ti siente que no merece tener estabilidad? ¿Qué parte cree que, si te organizas, perderás espontaneidad? ¿Qué parte confunde libertad con desorden? Estas preguntas no son filosóficas por gusto: son herramientas. Porque la riqueza, al final, es un resultado. Y los resultados cambian cuando cambias lo que los produce.

Rediseñar tus decisiones no es un acto heroico de un día. Es un proceso de arquitectura. Es como reorganizar una casa para que se vuelva habitable de verdad, no solo bonita. Tal vez tu casa tiene puertas que no cierran bien. Tal vez tiene fugas de agua. Tal vez tiene cables mal puestos. Puedes seguir viviendo allí apagando incendios o puedes detenerte a construir una base que te dé tranquilidad. Lo mismo ocurre con tu vida financiera. Puedes seguir dependiendo de "este mes sí me organizo" o puedes crear un mecanismo que te cuide cuando tú no tengas ganas de cuidarte.

En la primera fuerza, la mentalidad que crea riqueza, vas a trabajar con un cambio de perspectiva que se nota en lo cotidiano. Riqueza no es solo acumular, es orientar tu vida hacia decisiones que multiplican en el tiempo. Es aprender a pensar en términos de trayectoria, no de impulso. Es dejar de medir tu progreso por la emoción del momento y empezar a medirlo por lo que construyes, aunque sea lento. Es aprender a decir "no" a cosas que te dan placer inmediato para decirte "sí" a un futuro más amplio. Es convertir la paciencia en estrategia, no en sacrificio. Y también es algo más íntimo: es dejar de verte como alguien que "lucha con el dinero" y empezar a verte como alguien que aprende a manejarlo con calma, paso a paso, sin drama.

En la segunda fuerza, las fugas invisibles, vas a descubrir que muchas pérdidas no se ven porque están disfrazadas de normalidad. Gastos pequeños que se repiten, sí, pero también decisiones que te quitan poder. Como comprar para regular tu estado emocional. Como evitar revisar tus cuentas porque te da ansiedad. Como decirte que "cuando gane más, recién ahí" vas a organizarte. Como vivir con microculpas: ese ruido mental constante que te acompaña cuando sientes que estás atrasado, que no estás haciendo suficiente, que deberías estar en otro lugar. Ese ruido no solo te quita paz; te quita enfoque. Y el enfoque, cuando se trata de construir riqueza, es combustible.

Este pack cambia el juego "sin que lo notes" porque no te exige una transformación teatral. No te pide que te conviertas en alguien completamente distinto de la noche a la mañana. Te invita a hacer algo más sutil: ajustar los engranajes que ya estás usando. Cambiar las repeticiones. Porque, al final, tu vida no está definida por tus intenciones. Está definida por tus repeticiones. Lo que repites construye tu identidad, y tu identidad construye tus decisiones. Si repites desorden, por más que sueñes con libertad, terminarás cansado. Si repites claridad, aunque al principio sea incómodo, terminarás con espacio mental. Si repites autocontrol sin comprensión, terminarás explotando. Si repites comprensión con estructura, terminarás sólido.

Hay una razón por la que muchas personas que ganan más siguen sintiendo escasez. No es solo matemática. Es psicológica. Es emocional. Es cultural. Es una forma de vivir en alerta, de gastar para sentir que avanzas, de perseguir símbolos para calmar inseguridades, de confundir éxito con aprobación. Si alguna vez te encontraste comprando algo que no necesitabas y luego sintiendo una mezcla de placer y culpa, no es porque seas débil. Es porque estás intentando resolver con dinero algo que el dinero no puede resolver: una emoción. Y el dinero, usado como anestesia, nunca alcanza. Siempre pide más. En cambio, el dinero usado como herramienta crea espacio. Espacio para elegir. Espacio para respirar. Espacio para decir "no" sin miedo.

Aquí vas a aprender a construir ese espacio. No a través de reglas rígidas que te hacen sentir en una prisión, sino a través de un sistema que te da libertad real. Un sistema personal es una combinación de decisiones pre-hechas, límites inteligentes y hábitos que se sostienen solos. Es diseñar tu entorno para que lo fácil sea lo correcto. Es reducir fricción para lo importante y aumentar fricción para lo impulsivo. Es dejar de negociar contigo mismo cada día. Porque cada negociación diaria es una puerta abierta al cansancio. Y cuando estás cansado, tu cerebro no quiere pensar en el largo plazo; quiere alivio.

Este libro está pensado para esos días. Para el día en que discutiste con alguien y quieres compensarte. Para el día en que te sientes detrás de los demás y te entra prisa. Para el día en que te sale una oportunidad y te emocionas, y esa emoción te hace saltarte pasos. Para el día en que te da pereza mirar tu cuenta y prefieres distraerte. Para el día en que te sientes eufórico y te crees invencible. Para el día en que te sientes pequeño y quieres comprarte una versión más grande de ti. Tu sistema tiene que funcionar en todas esas versiones de ti, no solo en la versión ideal.

Al avanzar, vas a descubrir tu "mínimo viable" de riqueza: ese conjunto simple de hábitos y decisiones que, si los sostienes, cambian tu trayectoria. No será perfecto. Será suficiente. Y suficiente, repetido, es imparable. Porque la ventaja real no está en hacer algo increíble una vez. Está en hacer algo inteligente muchas veces, incluso cuando no apetece. Y esa es la promesa silenciosa de este pack 2-en-1: no te va a pedir que te conviertas en una máquina. Te va a enseñar a construir una estructura que te permita ser humano sin pagar el precio de siempre.

Si estás aquí, no es casual. Tal vez ya intuiste que tu próximo salto no depende solo de "ganar más". Depende de sostener mejor. Depende de eliminar fugas. Depende de pensar con claridad cuando el mundo te empuja a reaccionar. Depende de crear una relación con el dinero donde tú mandes, no tus impulsos. Ese cambio no se siente como un trueno; se siente como una calma. Y cuando la calma se vuelve tu base, la riqueza deja de ser una persecución y se vuelve una consecuencia.

Capítulo 1 — La riqueza empieza en lo invisible: tu guion interno

La mayoría de las decisiones financieras suceden en segundos… y luego las justificamos durante años. No porque seamos hipócritas, sino porque la mente está diseñada para actuar rápido y explicar después. Pagas algo, aceptas una oferta, pospones una conversación, te suscribes a un servicio, te endeudas "un poco", prestas dinero, dices que sí a un gasto social, evitas abrir la app del banco, compras para sentirte mejor. El gesto dura un instante; la historia que lo sostiene puede acompañarte décadas. Esa historia es tu guion interno: una mezcla de frases, emociones, lealtades familiares, temores y supuestos que aprendiste sin que nadie te los enseñara de forma explícita. Y ahí empieza todo. Antes de cualquier presupuesto, antes de cualquier inversión, antes de cualquier plan, existe una narrativa que decide por ti cuando estás cansado, cuando estás presionado o cuando te sientes vulnerable. Si no la ves, te gobierna. Si la ves, puedes reescribirla.

En este capítulo vamos a mirar el dinero donde casi nadie lo mira: en lo invisible. No en los números, sino en el significado que les das. Porque el problema rara vez es "no sé qué hacer". El problema es "sé qué hacer, pero algo dentro de mí se resiste". Y esa resistencia no aparece de la nada: suele venir de un guion heredado. Heredado no significa "culpa de mi familia", significa "aprendido antes de tener opciones". Es el lenguaje que escuchaste, los silencios que presenciaste, los conflictos que te marcaron, la forma en que se celebraba o se temía el dinero en casa. Incluso si tu familia nunca habló del tema, eso también es un mensaje. El silencio enseña. El dinero es uno de esos temas que se transmiten más por clima emocional que por consejos. Por eso puedes repetir patrones aunque jures que no quieres ser como nadie. El guion opera como un piloto automático: detecta una emoción, asocia un significado y empuja una acción.

1.1 Detecta tu "guion de dinero" heredado

Para detectar tu guion de dinero, no necesitas hacer un análisis complicado. Necesitas escuchar con atención cómo piensas cuando el dinero entra en escena. Las frases internas más influyentes suelen ser cortas, contundentes y antiguas. A veces ni siquiera suenan como pensamientos; suenan como "realidad". Por ejemplo, "el dinero siempre trae problemas", "siempre falta", "los ricos son…" seguido de una etiqueta, "si gano más, me van a pedir", "si ahorro, me estoy privando", "me lo merezco", "ya veré el mes que viene", "para qué planificar si todo cambia", "no soy bueno con las finanzas", "esto no es para gente como yo". Estas frases no son opiniones neutrales: son comandos emocionales. Cuando crees que el dinero es estrés, tu cuerpo reacciona antes que tu mente. Te tensas, postergas, evitas, gastas para aliviar o trabajas de más para sentir control. Cuando crees que la riqueza es culpa, cada avance se mezcla con una incomodidad: como si prosperar fuera traicionar a alguien, volverte egoísta o separarte de tu grupo. Cuando crees que gastar es alivio, la compra deja de ser una transacción y se vuelve una regulación emocional. Y entonces ya no compras cosas: compras estados de ánimo.

Mapear frases familiares es el primer paso porque te muestra el origen de tus reflejos. Piensa en lo que escuchabas de niño o adolescente: en la mesa, en discusiones, en bromas, en advertencias. Tal vez se repetía "no hay", "eso es para ricos", "hay que trabajar como burro", "el que tiene dinero es porque hizo algo malo", "no confíes en nadie", "la vida es para disfrutar", "mañana no sabemos", "mejor gastarlo que perderlo", "endeudarse es normal", "si no aparentas, no te respetan". A veces el mensaje no fue verbal: fue ver a un adulto preocupado al pagar cuentas, ver peleas por gastos pequeños, ver secretos financieros, ver deudas escondidas, ver generosidad desmedida para comprar cariño o ver control excesivo como forma de seguridad. Todo eso se convierte en reglas internas. Y las reglas internas gobiernan tus elecciones incluso cuando ya no tienen sentido.

Lo importante aquí es notar cómo esas frases se infiltran en decisiones aparentemente racionales. Si tu guion dice "dinero = estrés", puede que te cueste revisar números porque tu cuerpo anticipa incomodidad. Entonces evitas, y esa evitación crea más estrés. Si tu guion dice "riqueza = culpa", puede que sabotees oportunidades: rechazas subir precios, no negocias tu salario, inviertes menos de lo que podrías o regalas tu valor. Si tu guion dice "gastar = alivio", puedes usar el consumo como premio por sobrevivir al día, y el problema no será el objeto en sí, sino el ritual: presión, compra, alivio, culpa, promesa de cambio, repetición. Ese ciclo, sostenido en el tiempo, erosiona cualquier avance.

El segundo paso es identificar el rol que juegas con el dinero. Todos actuamos desde un papel cuando estamos bajo carga emocional. Un rol no es tu identidad; es una estrategia aprendida para sentir seguridad. Y como toda estrategia, tiene un beneficio inmediato y un costo oculto. El "salvador" siente valor cuando rescata: paga por otros, presta más de lo que puede, se hace cargo para evitar conflictos o para sentirse necesario. Suele decirse que lo hace por amor, y muchas veces es cierto, pero también puede haber miedo a decepcionar o a perder pertenencia. El costo es que termina resentido, agotado o con su propio futuro comprometido. El "evitador" busca paz evitando mirar: pospone decisiones, ignora deudas, no abre correos, no revisa estados de cuenta, deja todo para después. Su beneficio es el alivio momentáneo de no enfrentar la ansiedad; su costo es que la ansiedad crece en silencio. El "impulsivo" compra o decide rápido para sentir vida, control o recompensa. Su beneficio es la emoción y el alivio; su costo es la inestabilidad. El "controlador" se siente seguro solo si todo está bajo reglas estrictas: registra cada gasto, se irrita con lo imprevisto, puede volverse rígido y generar tensión con los demás. Su beneficio es la sensación de orden; su costo es que vive con miedo al error y a veces convierte el dinero en una prisión. El "generoso ansioso" da para evitar culpa o rechazo: invita, regala, cubre, se adelanta, y luego se preocupa por su propia estabilidad. Su beneficio es sentir aprobación; su costo es vivir con una deuda emocional constante.

Reconocer tu rol no es para juzgarte, es para devolverte libertad. Porque cuando no lo ves, tu rol decide. Y cuando tu rol decide, tu dinero deja de ser herramienta y se vuelve un escenario donde actúas un guion antiguo. El salvador puede tener dificultades para poner límites sin sentirse mala persona. El evitador puede necesitar simplificar el sistema hasta que sea tolerable. El impulsivo puede necesitar fricción inteligente antes de comprar. El controlador puede necesitar aprender a confiar en procesos y no solo en vigilancia. El generoso ansioso puede necesitar redefinir lo que significa amar sin vaciarse. No existe un rol "bueno" o "malo". Lo que importa es si ese rol te sirve hoy o si te está costando tu paz.

El tercer paso es crear tu diccionario de creencias y cambiarlo por definiciones funcionales. Tu mente opera con definiciones. Si para ti "dinero" significa "prueba de valor", cada número será un veredicto. Si "dinero" significa "conflicto", cada conversación será una amenaza. Si "dinero" significa "libertad", quizá te obsesiones con él como si fuera la única salida. Necesitas un diccionario que te permita actuar bien bajo presión. Un diccionario funcional no es optimismo vacío; es una forma de pensar que produce decisiones mejores. Por ejemplo, cambiar "dinero = identidad" por "dinero = herramienta". Cambiar "ahorrar = privarme" por "ahorrar = comprar tranquilidad futura". Cambiar "invertir = arriesgarme a perder" por "invertir

= entrenar una estrategia con reglas". Cambiar "ganar más = más problemas" por "ganar más = más opciones si tengo estructura". Cambiar "hablar de dinero = discusión" por "hablar de dinero = coordinación". Las palabras importan porque crean emoción, y la emoción crea conducta.

Haz una prueba sencilla: piensa en la palabra "deuda". ¿Qué aparece en tu pecho? ¿Tensión, vergüenza, normalidad, desafío? Ahora piensa "presupuesto". ¿Te suena a castigo o a libertad? No hay respuestas correctas. Solo hay señales. Tus reacciones muestran tu diccionario actual. Y ese diccionario fue escrito en gran parte antes de que pudieras escogerlo. Reescribirlo es un acto de madurez: no negar el pasado, sino dejar de obedecerlo en automático.

La clave es que estas nuevas definiciones deben sentirse utilizables en días reales. Si te dices "el dinero es una herramienta" pero lo sigues usando para calmar ansiedad, la frase queda bonita y estéril. En cambio, si asocias "herramienta" con acciones concretas, empieza a tener fuerza. Herramienta significa que el dinero tiene un trabajo específico: cubrir necesidades, proteger imprevistos, financiar objetivos, crear margen. Herramienta significa que no te define si un mes fue bueno o malo. Herramienta significa que tus decisiones pueden ser imperfectas sin que eso diga algo sobre tu valor. Cuando el dinero deja de ser identidad, puedes mirarlo sin miedo. Y cuando puedes mirarlo sin miedo, puedes organizarlo con claridad.

Detectar tu guion heredado no cambia tu vida en un día, pero cambia tu dirección en un instante. Porque deja de ser "soy así" y pasa a ser "aprendí esto". Y lo que se aprende se puede desaprender. A partir de aquí, cada vez que estés a punto de repetir un patrón, tendrás una oportunidad: detenerte medio segundo y nombrar el guion. "Esto es el 'dinero es estrés' hablando." "Esto es mi rol de salvador activándose." "Esto es mi impulso buscando alivio." Nombrarlo no te hace perfecto, pero te hace consciente. Y la conciencia, repetida, se convierte en poder. Ese poder es el comienzo de la riqueza real: la que nace en lo invisible y, con el tiempo, se vuelve visible sin que tengas que forzarte a ser otra persona.

1.2 Sesgos mentales que te roban sin pedir permiso

Si el "guion de dinero" es la historia que te empuja por dentro, los sesgos mentales son los atajos que tu cerebro toma por defecto para ahorrar energía. No son fallos raros ni defectos de carácter: son mecanismos normales. El problema es que, aplicados al dinero, esos atajos pueden convertirse en una fuga constante. Te roban sin pedir permiso porque no se presentan como una decisión deliberada. Se sienten como una reacción lógica, casi obvia, y por eso pasan desapercibidos. La trampa no está en que existan; está en que los confundes con tu personalidad. "Yo soy así" suele ser, en realidad, "mi mente está usando el mismo atajo de siempre".

El sesgo del presente es el más caro y el más cotidiano. Su lógica es simple: el placer inmediato pesa más que la libertad futura. No porque no valores el futuro, sino porque el futuro no tiene cuerpo hoy. No te mira a los ojos. No te genera un alivio instantáneo. El presente sí. El presente te ofrece recompensa rápida, reduce una incomodidad, te da un pequeño golpe de bienestar, te permite sentir control cuando estás cansado o abrumado. Por eso compras algo y, por unos minutos, sientes que recuperas el mando. Por eso pospones una tarea financiera, y el alivio se siente como descanso. Por eso aceptas un gasto social para evitar incomodidad, aunque internamente te pese. El sesgo del presente no solo impulsa compras; también empuja a evitar conversaciones, a no negociar, a no revisar números, a tomar decisiones sin leer la letra pequeña. Todo lo que alivia hoy gana puntos, incluso si te complica mañana.

Este sesgo se vuelve más agresivo cuando estás bajo estrés, porque el estrés acorta tu horizonte. Tu mente deja de pensar en términos de meses y empieza a pensar en términos de sobrevivir al día. Y aquí aparece un detalle importante: no solo se trata de "placer". A veces lo que eliges en el presente no es diversión; es anestesia. Te sientes ansioso y gastas para calmarte. Te sientes aburrido y compras para sentir estímulo. Te sientes inferior por comparación y gastas para recuperar estatus. En esos casos, el gasto es un regulador emocional, no una decisión económica. Y mientras siga siendo regulador, te costará cualquier plan, porque el plan pelea contra una necesidad emocional real. La solución no es culparte; es reconocer el patrón y construir otra forma de obtener lo que buscabas: calma, alivio, pertenencia o energía.

El efecto ancla funciona de manera más sutil. Es cuando un número inicial se convierte en referencia, aunque sea arbitraria, y a partir de ahí todo se siente "barato" o "caro". Lo ves todo el tiempo en precios diseñados para empujarte. Te muestran una opción muy cara para que la opción "media" parezca razonable. Te enseñan un precio tachado y un descuento, y tu mente se engancha a la cifra alta, aunque nunca haya sido el precio real que ibas a pagar. Te ponen un "plan premium" con extras innecesarios para que el plan estándar se sienta como un buen trato, aunque no lo necesites. El ancla también aparece cuando comparas con tus propios hábitos: si te acostumbras a gastos altos, todo lo demás te parece "poco", y subes tu umbral sin darte cuenta. De pronto pagar de más se siente normal porque tu referencia interna se desplazó.

Lo más peligroso del ancla es que puede secuestrar tu criterio. En vez de preguntar "¿esto vale para mí?", preguntas "¿esto está por debajo del ancla?". Y como el ancla fue colocada para manipular tu percepción, terminas usando una regla que no te conviene. Es como entrar a una tienda con luces diseñadas para que un color se vea distinto: no estás viendo el valor, estás viendo un efecto. Si tu mente no lo detecta, decide por ti. Por eso puedes salir convencido de que hiciste una compra inteligente cuando en realidad solo respondiste a un guion de comparación.

El sesgo de confirmación es aún más invisible porque se disfraza de coherencia. Es la tendencia a buscar y creer información que valida lo que ya haces, y a ignorar lo que lo cuestiona. Si eres de los que gastan para "vivir la vida", encontrarás argumentos para justificarlo: "mañana quién sabe", "hay que disfrutar", "no quiero ser tacaño". Si eres controlador, encontrarás razones para no invertir o no delegar: "nadie lo hará bien", "es arriesgado", "mejor lo dejo en algo seguro aunque rinda poco". Si eres evitador, te contarás historias para no mirar: "ahora no es el momento", "cuando esté menos ocupado", "primero necesito ganar más". El sesgo de confirmación te da una sensación de identidad estable, pero también puede ser una cárcel. Te hace sentir que tu estilo es "el correcto" incluso cuando te está costando caro en estrés, oportunidades o libertad.

Este sesgo se alimenta de tu entorno y de tus contenidos. Si solo escuchas a gente que piensa como tú, tu estilo se vuelve dogma. Si sigues voces que glorifican el consumo, el gasto se siente virtuoso. Si sigues voces que demonizan cualquier riesgo, la inversión se vuelve pecado. Y si te rodeas de discursos extremos, pierdes matices. El resultado es una vida financiera rígida, donde te reafirmas en lugar de aprender. No porque seas terco, sino porque el cerebro ama tener razón, incluso cuando tener razón te sale caro.

Ver estos sesgos no significa que desaparezcan. Significa que, por primera vez, puedes diseñar un sistema que los contemple. Porque el sesgo del presente no se derrota con sermones; se derrota con estructura. El ancla no se derrota con fuerza de voluntad; se derrota con preguntas correctas. Y el sesgo de confirmación no se derrota con vergüenza; se derrota con evidencia que no puedas ignorar.

1.3 Reprogramación práctica: creencia → conducta → evidencia

Reprogramar tu relación con el dinero no es repetir frases motivacionales frente al espejo. Eso puede inspirarte cinco minutos, pero no cambia lo que haces cuando estás cansado o emocional. La reprogramación real es más simple y más contundente: creencia, conducta, evidencia. Cambias una creencia pequeña, ejecutas una conducta mínima, obtienes evidencia, y esa evidencia crea una nueva creencia con raíces. No construyes el cambio con entusiasmo; lo construyes con pruebas.

La primera pieza es definir micropruebas semanales que generen evidencia. Una microprueba es un experimento tan pequeño que no depende de tu humor. No es "voy a ahorrar muchísimo" o "voy a ser perfecto con mis gastos". Es algo que puedas sostener incluso en una semana difícil. El objetivo no es impresionar a nadie. El objetivo es demostrarle a tu cerebro que puedes actuar distinto y sobrevivir. Tu mente aprende por experiencia, no por teoría. Si tu guion dice "mirar mis cuentas me da ansiedad", una microprueba podría ser abrir la app del banco tres veces en la semana durante un minuto, sin hacer nada más. Si tu guion dice "negociar es incómodo", una microprueba podría ser pedir una mejora pequeña en un servicio o preguntar condiciones en una compra, aunque aceptes la respuesta. Si tu guion dice "invertir es para otros", una microprueba podría ser dedicar quince minutos a entender un concepto básico y anotar dudas. Si tu guion dice "no puedo ahorrar", una microprueba podría ser separar una cantidad simbólica inmediatamente cuando entra dinero, solo para entrenar el gesto.

La clave es que la microprueba no busca resultados gigantes; busca cambiar tu autopercepción. Busca que, al final de la semana, exista un dato nuevo: "lo hice". Ese dato vale más que cualquier promesa. Y cuando acumulas datos, se rompe el sesgo de confirmación porque ya no discutes con ideas: discutes con hechos. La evidencia te vuelve más difícil de manipular, incluso por ti mismo.

La segunda pieza es diseñar respuestas automáticas a disparadores. Los disparadores son estados internos o situaciones externas que activan tus sesgos y tu guion. Ansiedad, aburrimiento, comparación, cansancio, euforia, soledad, presión social. Si esperas a decidir bien en el momento del disparador, estás apostando contra tu biología. En ese momento tu mente quiere alivio, no estrategia. Por eso necesitas respuestas pre-diseñadas. Una respuesta automática no es una regla rígida; es un puente. Algo que haces para ganar tiempo y recuperar claridad.

Si tu disparador es la ansiedad, tu respuesta automática puede ser una pausa breve antes de cualquier compra, aunque sea pequeña, y un gesto que te devuelva al cuerpo: respirar lento, caminar dos minutos, tomar agua, escribir en una nota lo que realmente necesitas. No para "prohibirte" gastar, sino para separar emoción de acción. Si tu disparador es el aburrimiento, tu respuesta puede ser cambiar de estímulo sin gastar: una actividad corta que te dé novedad sin costo, como escuchar algo, ordenar un espacio, moverte, llamar a alguien. Si tu disparador es la comparación, tu respuesta puede ser una frase que te ancle a tu plan: "no necesito ganar la carrera de hoy, necesito sostener mi trayectoria", y luego revisar un objetivo propio, aunque sea por treinta segundos. El objetivo no es volverte inmune. El objetivo es que el disparador deje de tener control absoluto.

Aquí aparece un giro importante: cuando diseñas respuestas automáticas, estás construyendo libertad. Porque libertad no es hacer lo que te apetece en el momento; libertad es poder elegir aunque no te apetezca. Esa capacidad se entrena con sistemas. Si cada vez que te comparas gastas, tu identidad queda atada al entorno. Si cada vez que estás ansioso evitas mirar números, tu futuro queda atado a tus emociones. Un sistema rompe esa dependencia.

La tercera pieza es construir un sistema de identidad basado en "soy alguien que…". La identidad es el motor oculto de la conducta. No sostienes hábitos por disciplina, los sostienes por coherencia con quien crees ser. Si crees "soy un desastre con el dinero", actuarás como tal y buscarás pruebas. Si crees "soy alguien que aprende", te permitirás mejorar sin drama. La frase "soy alguien que…" no es una etiqueta para presumir; es una instrucción para tu cerebro. Le dice qué comportamientos son normales para ti.

Empieza con identidades pequeñas, concretas y verificables. "Soy alguien que pregunta antes de decir que sí." "Soy alguien que mira sus números aunque le incomode." "Soy alguien que ahorra primero y gasta después." "Soy alguien que negocia con calma." "Soy alguien que invierte como estrategia, no como impulso." "Soy alguien que no compra para regular su ánimo; regula su ánimo y luego decide." Estas identidades se sostienen si las alimentas con acciones mínimas. No necesitas hacerlas perfectas; necesitas repetirlas lo suficiente como para que tu mente diga: "esto es lo que hacemos".

La magia, si se le puede llamar así, ocurre cuando conectas las tres piezas. Creencia, conducta, evidencia. Tomas una creencia vieja y la conviertes en una hipótesis: "quizá puedo mirar mis cuentas sin que me destruya". Haces una microprueba. Obtienes evidencia. Esa evidencia empieza a cambiar tu autoconcepto. Luego diseñas respuestas automáticas para proteger la nueva conducta cuando aparezcan disparadores. Y finalmente lo conviertes en identidad: "soy alguien que enfrenta lo que importa". Esa identidad reduce el esfuerzo, porque deja de ser una pelea diaria y se vuelve una forma de ser.

Este proceso también te protege de los sesgos de la sección anterior. El sesgo del presente pierde fuerza cuando tienes micropruebas que te dan recompensas rápidas pero alineadas con tu futuro. El efecto ancla pierde fuerza cuando tu pregunta ya no es "¿esto parece barato comparado con lo otro?", sino "¿esto sirve a mi sistema?". Y el sesgo de confirmación pierde fuerza cuando tus datos te muestran lo que realmente te cuesta tu estilo antiguo. En otras palabras, dejas de discutir con tu mente. Empiezas a entrenarla.

No se trata de convertirte en otra persona. Se trata de recuperar el control sobre lo que repites sin darte cuenta. La riqueza empieza en lo invisible porque ahí nacen tus decisiones. Cuando cambias lo invisible, lo visible te sigue. Y cuando lo visible cambia como consecuencia, no necesitas forzarte con heroicidades. Te vuelves estable. Y esa estabilidad, sostenida, termina siendo una ventaja silenciosa que la mayoría nunca construye.

Capítulo 2 — Hábitos ricos: no disciplina, diseño

Si dependes de voluntad, dependes de un recurso que se agota. La voluntad es real, claro, pero es limitada. Se desgasta con el cansancio, con el estrés, con las emociones, con el ruido mental del día. En la mañana puedes prometerte que esta vez sí, que vas a ser "ordenado", que no vas a gastar de más, que vas a revisar tus cuentas, que vas a ahorrar primero. Y al final de la tarde, después de decisiones, mensajes, urgencias, presión social y fatiga, tu mente busca el camino más corto: alivio, facilidad, recompensa. No porque seas inconsistente, sino porque tu cerebro prioriza sobrevivir al presente. Por eso este capítulo no va de motivarte a ser fuerte. Va de enseñarte a ser estratégico. Los hábitos ricos no son una cualidad moral; son una arquitectura. Y la arquitectura no depende de tu estado de ánimo. Depende de cómo está diseñado tu entorno, tus automatismos y tus reglas simples.

La gente con estabilidad financiera sostenible rara vez "gana" cada batalla interna. Lo que hace es evitar batallas innecesarias. No se expone todo el tiempo a decisiones agotadoras. Reduce opciones. Anticipa tentaciones. Protege su energía mental con sistemas. Y lo más importante: hace que lo correcto sea fácil y que lo caro —en tiempo, en fricción, en esfuerzo— sea lo impulsivo. Ese es el giro: cuando inviertes el esfuerzo, tu vida cambia sin dramatismo. No necesitas despertarte motivado; necesitas tener un circuito que te lleve, casi por inercia, hacia lo que te conviene.

Este capítulo se centra en el diseño porque el dinero, en la práctica, se decide en momentos pequeños. No es una gran escena heroica una vez al año. Es el café, la suscripción, el "me lo merezco", el "solo esta vez", el "ya lo veré", el "me da pereza", el "todos lo hacen". Si cada uno de esos momentos te exige fuerza de voluntad, estás usando un combustible caro y frágil. Si, en cambio, conviertes tu plan en una infraestructura, esos momentos dejan de ser negociaciones y se vuelven rutinas. Y cuando algo es rutina, deja de sentirse como sacrificio. Se siente como normalidad.

2.1 Arquitectura de hábitos: hazlo fácil, inevitable y medible

La arquitectura de hábitos se sostiene sobre tres pilares: fricción, conveniencia y medición mínima. Fricción significa poner obstáculos inteligentes al gasto impulsivo. Conveniencia significa que ahorrar e invertir ocurra sin que tengas que "decidirlo" cada vez. Y medición mínima significa que, aunque no tengas ganas de analizar demasiado, siempre sepas dónde estás con tres números clave. No necesitas complejidad; necesitas consistencia. La mayoría de las personas falla no por falta de herramientas sofisticadas, sino por falta de diseño simple y repetible.

Empecemos con la fricción. En finanzas personales, la fricción es tu guardaespaldas. Es el pequeño "no tan rápido" que se interpone entre un impulso y una acción. El gasto impulsivo suele ser rápido, emocional y con narrativa. Tu mente dice "es poco", "no pasa nada", "me lo merezco", "me va a servir", "si no lo compro ahora, lo pierdo". La fricción no discute con esa narrativa; simplemente le quita velocidad. Y cuando le quitas velocidad, recuperas criterio.

Una forma de apalancar fricción es poner límites deliberados que no dependan de tu autocontrol en el momento. Si tu banco te permite configurar topes por día o por semana para ciertos tipos de gasto, ese límite actúa como una barrera. No porque el límite sea perfecto, sino porque te obliga a parar y tomar una decisión consciente: "¿de verdad quiero moverlo?". Esa pausa vale oro. Otra forma es separar tarjetas o cuentas según funciones. Si todo tu dinero está en la misma tarjeta, cada compra compite contra tu futuro sin que lo notes. Si, en cambio, tienes una tarjeta o cuenta para el gasto cotidiano y otra donde vive tu ahorro o inversión, estás creando compartimentos. Compartimentar no es infantil; es inteligente. Es reconocer que tu mente funciona mejor cuando las categorías son claras. Cuando el dinero del ahorro no está "a mano", gastarlo deja de ser automático.

La fricción también se puede crear con tiempos de espera. El tiempo es un filtro emocional. Muchas compras se sienten imprescindibles durante diez minutos y ridículas al día siguiente. Un sistema de espera de veinticuatro horas para compras no esenciales puede sonar simple, pero es una intervención poderosa contra el sesgo del presente. No te prohíbe gastar; te pide confirmarlo con una segunda versión de ti, una versión menos activada. Ese pequeño retraso hace que lo que era impulso se convierta en decisión. Y una decisión, a diferencia de un impulso, se puede sostener sin culpa.

Hay fricciones aún más sutiles: desactivar compras con un clic, eliminar tarjetas guardadas en tiendas online, desuscribirte de correos de promociones, salir de apps de compras, reducir el tiempo de exposición a contenido que te dispara comparación. Esto no es exageración; es higiene mental aplicada al dinero. La publicidad y el diseño digital no están hechos para tu bienestar financiero. Están hechos para que compres. Si tú no diseñas tu entorno, alguien más lo diseña por ti.

Ahora pasemos al segundo pilar: la conveniencia. Aquí está la gran diferencia entre "quiero ahorrar" y "ahorro". El ahorro y la inversión funcionan mejor cuando ocurren el día que entra el dinero. No cuando "sobra". Porque si esperas a que sobre, casi nunca sobra. Siempre aparecerá algo: una salida, una urgencia, una compra "pequeña", un autoengaño elegante. La conveniencia consiste en convertir tu plan en algo que sucede por defecto. En vez de pedirte heroísmo, te pide configuración.

Automatizar ahorro e inversión el día de ingreso cambia la psicología por completo. Lo que no ves, no lo gastas. Lo que se separa primero, se vuelve intocable sin drama. Es como pagarle primero a tu futuro. Y aquí importa cómo lo enmarcas: no es "me estoy privando", es "estoy comprando margen". El margen es esa sensación de respirar sin que cada imprevisto sea una amenaza. El margen te permite decir que no, te permite elegir, te permite dormir mejor. Cuando automatizas, dejas de depender de la versión más cansada de ti a fin de mes. Le quitas el poder a esa conversación interna que empieza con "solo por esta vez" y termina con "ya el próximo mes".

La conveniencia también incluye simplificar. Si tu sistema es complejo, lo abandonarás en semanas de caos. Un hábito rico no es el que se ve bonito en una hoja; es el que sobrevive a tu vida real. Por eso conviene reducir pasos: pocas cuentas, reglas claras, transferencias automáticas, recordatorios mínimos. La simplicidad no es falta de ambición. Es respeto por tu energía. Si necesitas veinte decisiones para cumplir un plan, no tienes un plan: tienes una carga. En cambio, si tu sistema tiene dos o tres automatismos bien colocados, tu progreso no depende de una emoción. Depende de un circuito.

El tercer pilar es la medición mínima. Hay gente que se pierde por exceso de control y gente que se pierde por falta de información. La medición mínima evita ambos extremos. No necesitas vigilar cada céntimo para avanzar, pero sí necesitas saber si te estás moviendo en la dirección correcta. Para eso, bastan tres números que controlas y que te dicen la verdad sin debates.

El primero es tu tasa de ahorro, que no es una cifra de orgullo sino una brújula. Es el porcentaje de lo que entra que separas para futuro antes de gastarlo. No importa si hoy es pequeño; importa que exista y que sea consistente. La tasa es tu señal de capacidad de acumulación. Si es cero, tu futuro depende de "ojalá". Si es estable, incluso modesta, tu futuro empieza a tener base.

El segundo número son tus gastos fijos, porque los gastos fijos son compromisos que compran tu estilo de vida. A veces los fijos no se sienten como fijos porque están fraccionados en suscripciones, cuotas, servicios, planes, membresías. Pero todo eso es estructura. Y si tu estructura es pesada, tu libertad se reduce. Saber cuánto de tu ingreso ya está comprometido antes de vivir el mes te da una claridad brutal. Es el antídoto contra la ilusión de "gano bien" mientras te sientes apretado. Muchas veces no falta ingreso; sobra estructura.

El tercer número es tu margen libre, lo que queda después de gastos fijos y de tu separación para ahorro o inversión. Ese margen es tu zona de juego y tu zona de riesgo. Es lo que puedes gastar sin sabotear tu plan. Si no defines margen, tu mente convierte todo en margen. Y cuando todo es margen, nada está protegido. En cambio, cuando el margen está claro, puedes disfrutar sin culpa porque sabes que tu futuro ya fue atendido. El placer deja de pelear con la estabilidad; se vuelve compatible con ella.

Estos tres números son útiles porque son accionables. Si tu tasa de ahorro baja, puedes ajustar antes de que sea tarde. Si tus gastos fijos suben demasiado, puedes renegociar o recortar estructura. Si tu margen libre se vuelve negativo, no necesitas castigarte: necesitas rediseñar. La medición mínima es compasiva porque te muestra dónde tocar sin convertir tu vida en una auditoría permanente.

La arquitectura de hábitos, en el fondo, es una forma de tratarte con inteligencia. Acepta que eres humano, que te cansas, que te emocionas, que te comparas, que a veces quieres alivio rápido. Y en vez de pedirte perfección, te ofrece una salida práctica: poner fricción donde te hace daño, poner conveniencia donde te hace bien y medir lo suficiente para no vivir a ciegas. Cuando logras eso, algo cambia sin ruido. Dejas de sentir que el dinero es una pelea diaria. Empieza a sentirse como una herramienta bajo tu mando. Y esa sensación —la de dirigir en vez de reaccionar— es el inicio de una vida financiera más libre, no por disciplina, sino por diseño.

2.2 Rutinas de claridad financiera (15 minutos)

La claridad financiera no nace de un gran día de inspiración, nace de pequeñas revisiones que te devuelven el volante antes de que el mes te arrastre. La mayoría de la gente vive su dinero como si fuera clima: algo que llega, pasa, y a lo que solo reaccionas. Cuando haces rutinas cortas, el dinero deja de ser clima y se vuelve tablero de control. Y lo mejor es que no necesitas convertirte en contable ni dedicar horas. Quince minutos bien usados pueden cambiar el tono de todo tu mes, porque te obligan a mirar lo que normalmente evitas o das por sentado. No para castigarte, sino para aprender. La pregunta central no es "¿soy bueno o malo con el dinero?". Es mucho más útil y más humana: "¿qué pasó, por qué pasó y qué hago ahora?".

La revisión semanal es la más poderosa porque es cercana. No te deja acumular semanas de niebla. Es un ritual corto donde te haces tres preguntas que parecen simples, pero son quirúrgicas: ¿qué pagué, por qué lo pagué y qué aprendí? La primera parte, "qué pagué", no es para enumerar cada microgasto con obsesión. Es para detectar patrones. En una semana, suelen repetirse ciertas salidas de dinero que no recuerdas hasta que las ves. Ahí aparece la verdad: la suscripción que olvidaste, el pedido a domicilio que se volvió rutina, el taxi "por cansancio", la compra pequeña que se multiplica. Cuando lo miras con calma, sin drama, se vuelve información. Y la información te da opciones.

La segunda parte, "por qué lo pagué", es donde la rutina se convierte en psicología práctica. No basta con decir "compré". La pregunta es qué necesidad estaba detrás. ¿Fue comodidad, recompensa, ansiedad, presión social, falta de planificación, cansancio, deseo de sentirte bien, necesidad de pertenecer? Esto importa porque si el gasto cumple una función emocional, no lo cambias solo con números. Lo cambias ofreciendo otra forma de cumplir esa función. Si cada semana gastas de más porque estás agotado, el problema puede ser la energía, no el presupuesto. Si gastas por comparación, el problema puede ser tu entorno digital, no tu salario. Al descubrir el "por qué", empiezas a ver el dinero como síntoma, y los síntomas te llevan a la causa.

La tercera parte, "qué aprendí", evita el ciclo de culpa. Sin esa pregunta, muchas personas miran sus gastos y solo sienten vergüenza, prometen cambiar, y vuelven a repetir. Aprender convierte el error en ajuste. Tal vez aprendes que tus días de más gasto son cuando no comes bien o duermes mal. Tal vez aprendes que los viernes te pones más impulsivo. Tal vez aprendes que cierto amigo te empuja a planes caros y tú no pones límites. Ese aprendizaje te da una intervención concreta para la próxima semana. No es "ser mejor". Es rediseñar una pieza.

La revisión mensual sirve para decisiones más grandes, las que moldean tu estructura. Una semana te muestra hábitos; un mes te muestra compromisos. Aquí revisas categorías y, sobre todo, lo que pesa: renta, suscripciones, deudas, planes de pago, servicios, seguros, transporte, todo lo que se come tu margen antes de que vivas el mes. El enfoque mensual no es perseguir perfección. Es hacer ajustes pequeños, como quien afina un instrumento. Si tu estructura está desbalanceada, sentirás estrés aunque ganes bien. Y si tu estructura está alineada, incluso un ingreso moderado puede darte calma.

En la revisión mensual, tu tarea principal es preguntarte qué decisiones deben actualizarse. La vida cambia, y el presupuesto también debería hacerlo. A veces sigues pagando cosas por inercia: una suscripción que ya no usas, un plan demasiado grande, un servicio con precio viejo, una deuda con interés que podrías refinanciar, una tarifa que podrías renegociar. Lo mensual también es el momento de detectar "decisiones grandes disfrazadas de pequeñas". Una suscripción de poco dinero no parece grave, pero si se acumulan varias, se convierten en una fuga estructural. La revisión mensual corta esas fugas antes de que se vuelvan costumbre.

Y luego está la revisión trimestral, que es la mirada estratégica. Tres meses son suficientes para ver tendencias reales, no solo altibajos emocionales. Aquí revisas objetivos, ingresos, renegociaciones posibles y tu estrategia general. Es el momento de preguntarte si tu dinero está apoyando la vida que quieres o si solo está manteniendo la vida que se te armó por default. También es el momento de mirar tu ingreso con honestidad: ¿hay manera de aumentarlo con una conversación, un ajuste de precios, un proyecto, una habilidad nueva? Mucha gente se enfoca solo en recortar, cuando una buena renegociación o un movimiento profesional puede cambiarlo todo. Lo trimestral te saca del modo supervivencia y te devuelve ambición con calma.

La revisión trimestral también es donde decides qué vale tu energía. Si algo te drena todos los meses, tal vez no necesitas más fuerza de voluntad: necesitas una renegociación, una simplificación, un cambio de proveedor, una conversación pendiente o un ajuste de estilo de vida. Este ritual no busca control obsesivo; busca libertad sostenida. Y esa libertad nace de ver la realidad a tiempo, antes de que el estrés te obligue a reaccionar.

2.3 Entorno y círculo: la riqueza es contagiosa

Tu entorno te educa todos los días, aunque no te dé lecciones. Te enseña qué se considera normal, qué se celebra, qué se critica, qué se compra, qué se presume, qué se oculta. Por eso la riqueza es contagiosa, igual que la ruina. No por magia, sino por exposición. Lo que ves repetido se vuelve estándar. Y cuando algo se vuelve estándar, deja de sentirse como elección; se siente como "así se vive". Si estás intentando construir hábitos ricos en un entorno que premia el gasto impulsivo, estás nadando contra corriente sin darte cuenta. No es imposible, pero te costará más energía. Cambiar el entorno reduce el costo del cambio.

El primer paso es detectar ambientes que disparan gasto. Algunas personas culpan a su falta de disciplina, cuando en realidad están rodeadas de disparadores constantes. Redes sociales que convierten la comparación en un deporte. Centros comerciales como plan de ocio automático. Publicidad que te habla a tus inseguridades. Amigos con la costumbre del "plan caro", donde decir que no te hace sentir raro. Incluso ciertos momentos del día pueden ser un entorno: el cansancio nocturno, el aburrimiento del domingo, la ansiedad del lunes. Identificar estos ambientes no es para aislarte del mundo, es para ver tu mapa de riesgo. Si sabes dónde te vuelves impulsivo, puedes prepararte. Si no lo sabes, te sorprendes y luego te justificas.

Las redes sociales merecen una mención especial porque mezclan comparación con consumo de manera brillante y peligrosa. No solo ves cosas que no necesitas; ves vidas editadas que hacen que la tuya parezca insuficiente. Y la insuficiencia es una emoción que pide compensación. A veces la compensación es gastar. Otras veces es endeudarte para "no quedarte atrás". Otras veces es tomar decisiones apresuradas para aparentar. Si cada día estás expuesto a ese filtro, tu plan financiero se vuelve frágil. No porque seas débil, sino porque estás recibiendo estímulos diseñados para dispararte. Ajustar el entorno digital es una decisión financiera, aunque parezca un tema emocional.

El segundo paso es crear tu comunidad de estándar. No necesitas un grupo enorme; necesitas referencias distintas. Personas, contenidos, mentores, voces que normalicen lo que quieres construir. Si en tu entorno nadie ahorra, ahorrar se siente raro. Si en tu entorno nadie negocia, negociar se siente agresivo. Si en tu entorno la inversión se ve como apuesta, invertir se siente peligroso. En cambio, si te rodeas de ejemplos donde esas conductas son normales, tu mente baja la resistencia. No porque copies ciegamente, sino porque tu sistema nervioso deja de interpretarlo como amenaza social.

Una comunidad de estándar puede ser muy simple: un amigo con el que hablas de objetivos en vez de hablar de compras; un grupo donde se comparte aprendizaje, no ostentación; contenidos que te enseñen a pensar y no a consumir; alguien que ya caminó el camino y te muestra que se puede con calma. Lo importante no es la fama de esas personas, sino el clima que crean: un clima donde decir "estoy construyendo margen" suena sensato, no aburrido. Donde elegir un plan más barato no es vergüenza, sino estrategia. Donde el lujo no es demostrar, sino decidir.

El tercer paso es aprender a decir no con elegancia. La mayoría de los planes caros no destruyen tu economía por una vez, sino por repetición y presión. Decir que no se vuelve difícil cuando sientes que estás rechazando a la gente, no al gasto. Por eso necesitas guiones listos, frases que protejan tu plan sin entrar en explicaciones largas. La elegancia no está en justificarte; está en ser claro, amable y firme. Un buen "no" cuida la relación y cuida tu futuro.

Puedes decir que sí a la persona y no al plan. Puedes proponer alternativas sin sonar moralista. Puedes reconocer que te encantaría, pero que estás priorizando algo. Puedes usar la verdad simple: estás ajustando tu estructura, estás en un trimestre de enfoque, estás construyendo margen. La mayoría de la gente respeta más la claridad que las excusas. Y si alguien no respeta tu "no", esa reacción también es información sobre el tipo de vínculo que estás sosteniendo.

Decir no también aplica a ti mismo. A ese impulso que aparece cuando te sientes cansado, a esa compra que parece pequeña pero no lo es, a esa voz que te promete alivio. La elegancia interna es la capacidad de hablarte con firmeza sin humillarte. No se trata de "soy un desastre". Se trata de "esto no va con mi plan". Cuando tu identidad se vuelve clara, el "no" deja de ser un castigo y se vuelve una protección.

Al final, el entorno y el círculo son parte del diseño. No puedes construir hábitos ricos en un ecosistema que premia lo contrario sin pagar un precio emocional. La buena noticia es que no necesitas huir del mundo; necesitas ajustar tus exposiciones, elegir tus referencias y entrenar tu "no" como una habilidad social. Cuando haces eso, algo cambia: tu plan deja de sentirse como una lucha privada y se vuelve una forma de vida apoyada por tu contexto. Y cuando tu contexto te apoya, la riqueza deja de ser un objetivo lejano y se convierte en una consecuencia natural de lo que repites, sin tener que pelear cada día.

Capítulo 3 — El verdadero enemigo: la inflación del estilo de vida

Subir ingresos sin control de estilo de vida es como llenar un balde con agujeros. Desde fuera parece que estás avanzando, porque entra más agua. Desde dentro, sigues con la misma sensación de urgencia, porque el nivel nunca sube. Lo más engañoso de la inflación del estilo de vida es que no se presenta como un problema. Se presenta como mejora, como comodidad, como "por fin me lo puedo permitir". Y muchas veces es verdad: mereces vivir mejor, descansar más, disfrutar lo que has construido. El punto no es demonizar lo agradable. El punto es entender la mecánica: cuando cada aumento de ingreso se traduce automáticamente en más gastos, no estás comprando calidad de vida; estás comprando un nuevo estándar que, en poco tiempo, deja de sentirse como privilegio y se convierte en obligación.

Este enemigo es silencioso porque no te asalta con una gran deuda de golpe. Te seduce con pequeñas subidas: un servicio más rápido, un plan más completo, un restaurante más seguido, una casa un poco más grande, un coche un poco mejor, un viaje que ahora "toca", una ropa que encaja con un nuevo círculo, una suscripción que "no es tanto", un gadget que "me hará más productivo". Cada elección tiene una explicación razonable. Y esa razonabilidad es el truco. La inflación del estilo de vida no es irracional; es lógica acumulada. El problema es que esa lógica suele ignorar el costo futuro: tu margen desaparece, tu capacidad de inversión se reduce, y tu paz se vuelve dependiente de mantener un nivel alto de gasto. Empiezas a necesitar ganar más solo para sostener lo que ya es normal. Y cuando la vida aprieta o el ingreso fluctúa, el golpe emocional es mayor, porque no sientes que estés "recortando lujos", sientes que estás perdiendo identidad.

La inflación del estilo de vida tiene un componente social: vivimos rodeados de señales de estatus. Y tiene un componente emocional: el dinero se vuelve una forma de compensación. Por eso este capítulo va directo al núcleo más común de esa trampa: el "me lo merezco". Esa frase, que puede ser sana en ciertos contextos, también puede convertirse en una puerta automática a decisiones repetidas que te quitan futuro en cuotas pequeñas.

3.1 La trampa del "me lo merezco"

"Me lo merezco" puede ser un acto de amor propio o un anestésico elegante. La diferencia no está en la frase, sino en la intención y en la frecuencia. Una recompensa consciente es una decisión que eliges con calma, alineada con tus valores y con tu plan, donde sabes qué estás comprando realmente. Puede ser un viaje, una cena, un curso, un detalle. La disfrutas sin culpa porque está integrada en tu sistema: no amenaza tus metas, no nace de una urgencia emocional y no se repite de forma automática para tapar algo. En cambio, una compra emocional repetida es un reflejo. No la eliges; te sucede. Aparece después de un día duro, de una discusión, de una semana pesada, de una comparación en redes, de una sensación de vacío. Te da alivio rápido, y por eso se vuelve tentadora. Pero como el alivio dura poco, necesitas repetir. Y ahí empieza el ciclo: tensión, gasto, alivio, culpa, promesa, repetición.

La trampa es que la compra emocional repetida se siente como autocuidado, pero en realidad es autopago por desgaste. Es como darle propina a tu propio cansancio. Trabajas de más, te exiges, te presionas, y luego usas el dinero para compensar la carga. El problema no es que gastes; el problema es que el gasto se convierte en el parche oficial de una vida desbalanceada. Y cuando el dinero cumple esa función, se vuelve insaciable. Porque no puedes comprar descanso real si no cambias tus ritmos. No puedes comprar pertenencia auténtica si lo que buscas es aprobación. No puedes comprar tranquilidad si evitas mirar tu realidad financiera. Solo compras una pausa breve, y esa pausa te sale cara.

Para salir de esta trampa, primero necesitas identificar tu gasto "síntoma". El gasto síntoma no es el más grande; es el más frecuente o el más automático. Suele parecer inocente porque individualmente es pequeño. Café diario de más, delivery por inercia, snacks, taxis para evitar incomodidad, gadgets que prometen una versión mejor de ti, ropa para sentirte más seguro, suscripciones para sentir que "estás haciendo algo", compras nocturnas cuando estás cansado. El síntoma tiene una característica: aparece en el mismo estado emocional una y otra vez. Es casi un ritual. Y como todo ritual, está cumpliendo una necesidad.

La pregunta clave no es "¿por qué gasto tanto en café?" sino "¿qué necesidad estoy intentando cubrir con este gesto?". Tal vez el café no es café: es un momento de calma, una pausa, un permiso para respirar antes de empezar. Tal vez el delivery no es comida: es descanso, es evitar pensar, es sentirte cuidado cuando no tienes energía. Tal vez el gadget no es tecnología: es esperanza, es la fantasía de que por fin serás productivo, ordenado o respetado. Tal vez esa compra de ropa no es estética: es pertenencia, es sentir que no te quedas atrás, es protegerte de la inseguridad. Cuando lo ves así, el patrón deja de ser "mal hábito" y se convierte en mensaje. Y si hay mensaje, hay solución.

Aquí conviene ser brutalmente honesto sin ser cruel. Porque a veces el síntoma tapa una necesidad real que estás ignorando. Descanso, por ejemplo. Si tu vida no tiene descansos verdaderos, buscarás descanso falso: comodidad inmediata que no repara. O pertenencia. Si te sientes solo, buscarás pertenencia simbólica: comprar lo que compra tu grupo, aunque te apriete. O reconocimiento. Si no te reconocen en tu trabajo o no te reconoces tú, buscarás señales externas: objetos que te hagan sentir valioso por un rato. El dinero se vuelve una muleta emocional. No es vergonzoso; es humano. Pero una muleta que usas siempre termina debilitando lo que debería fortalecerse.

Una vez que identificas el síntoma y la necesidad, viene la parte que cambia el juego: sustituir, no solo "dejar". Dejar un gasto síntoma sin sustituir la función que cumple es como quitarle el techo a una casa con goteras sin arreglar la lluvia. El impulso buscará otra salida. A veces será otro gasto. A veces será otro hábito. Sustituir significa crear recompensas y alivios que no secuestren tu futuro. No para volverte asceta, sino para recuperar el control.

La sustitución más efectiva suele ser doble: una opción inmediata y una opción estructural. La opción inmediata es un gesto que puedes hacer en el momento del disparador para obtener una parte del alivio sin abrir la puerta al gasto automático. Si tu disparador es cansancio y tu síntoma es delivery, una opción inmediata podría ser una comida sencilla ya prevista o un "plan mínimo" de cocina que requiera poca energía. Si tu disparador es ansiedad y tu síntoma es comprar cosas pequeñas, una opción inmediata podría ser un ritual corto de descompresión: caminar, ducharte, música, respiración, escribir. No se trata de romanticismo; se trata de darle a tu sistema nervioso otra ruta.

La opción estructural es cambiar la causa. Si tu necesidad real es descanso, sustituir no es solo "no pedir delivery", es rediseñar tu semana para que exista descanso. Es dormir mejor, simplificar tareas, anticipar comidas, poner límites, dejar de apilar compromisos. Si tu necesidad real es pertenencia, sustituir no es solo "no comprar", es elegir un círculo donde la conexión no dependa del gasto. Si tu necesidad real es reconocimiento, sustituir puede ser aprender a negociar, pedir feedback, construir habilidades, mostrar tu trabajo, o crear proyectos que te den orgullo real. La compra emocional repetida suele bajar cuando sube tu sentido de dirección.

Y aquí entra un concepto que libera: recompensa consciente no significa recompensa cara. Significa recompensa elegida. Puede ser una experiencia sencilla pero significativa: un paseo largo, una tarde sin pantallas, una conversación que te nutra, cocinar algo especial en casa, leer en un lugar bonito, entrenar y sentir tu cuerpo vivo. Puede ser un ritual: café hecho con calma en casa, una lista de música, una rutina de estiramientos, un baño caliente, escribir dos páginas para vaciar la mente. Puede ser un hábito que te mejora: aprender algo, ordenar tu espacio, preparar tu semana, revisar tus números con una bebida que te guste. La recompensa consciente tiene un efecto: te deja mejor. No solo más tranquilo por cinco minutos. Te deja con más energía, más claridad o más conexión.

La trampa del "me lo merezco" se rompe cuando cambias la pregunta. En vez de "¿me lo merezco?", que casi siempre la respuesta será sí, preguntas "¿esto me construye o me anestesia?". Y preguntas también "¿esto es una decisión o un reflejo?". Si es una decisión, disfrútala sin culpa, porque tu sistema lo permite. Si es un reflejo, ahí hay un mensaje. Y cuando escuchas el mensaje, no necesitas castigarte: necesitas darte lo que realmente estás buscando, de una forma que no te deje sin futuro.

La inflación del estilo de vida no se vence dejando de vivir. Se vence aprendiendo a vivir con intención. La verdadera mejora no es gastar más; es necesitar menos para sentirte bien. Y esa sensación de bienestar que no depende de la próxima compra es, en sí misma, un tipo de riqueza que pocos entrenan. Cuando logras eso, los aumentos de ingreso empiezan a hacer lo que deberían: subir el nivel del balde, no solo alimentar los agujeros. Y ahí, por fin, se siente progreso. No como un momento de

euforia, sino como una calma estable que te acompaña incluso en
semanas difíciles.

3.2 Presupuesto antifraude emocional

La inflación del estilo de vida se alimenta de un fenómeno muy humano: el fraude emocional. No hablo de engañar a otros, sino de cómo nos engañamos a nosotros mismos con argumentos que suenan razonables mientras nos alejan de lo que queremos. "Es solo un gasto pequeño", "lo necesito para rendir", "me lo merezco", "ya que estoy…", "esto me hará la vida más fácil". El problema es que esas frases aparecen justo cuando tu mente está buscando alivio, identidad o pertenencia. Un presupuesto antifraude emocional no se limita a sumar y restar; está diseñado para protegerte de esas narrativas cuando estás cansado, comparándote o ansioso. Es un presupuesto que entiende psicología y, por eso, te devuelve poder.

La primera herramienta es cambiar categorías por intención. Cuando categorizas como "comida", "ocio" o "varios", escondes el motivo real detrás del gasto. Y si escondes el motivo, no puedes ajustar el patrón. En cambio, cuando nombras el propósito, el gasto se vuelve transparente. "Energía" no es solo comer; es sostener tu cuerpo para que tu semana no se derrumbe. "Salud" no es un lujo; es prevenir costos futuros en forma de cansancio, enfermedad o decisiones impulsivas por agotamiento. "Conveniencia" no es pereza; es una decisión consciente de pagar por tiempo o por simplicidad, siempre que esté dentro de tu plan. Este cambio parece pequeño, pero altera tu conversación interna. Deja de ser "gasté en comida" y pasa a ser "¿esto realmente me dio energía o fue ansiedad?". Deja de ser "gasté en ocio" y pasa a ser "¿esto me recargó o solo me distrajo?". Cuando el presupuesto te pregunta por intención, el fraude emocional pierde fuerza porque ya no puede esconderse en etiquetas genéricas.

Las categorías con intención también te ayudan a tomar decisiones sin culpa. Si tienes una categoría llamada "conveniencia" y allí decides poner, de forma explícita, ciertos pagos que te ahorran tiempo en semanas pesadas, ya no vives esos gastos como fallos. Los vives como estrategia. Y esa diferencia es enorme porque la culpa suele activar más gasto, no menos. Te sientes mal, buscas alivio, gastas, vuelves a sentirte mal. Un presupuesto antifraude corta ese circuito al legitimar lo que eliges conscientemente y señalar lo que es reflejo.

Pero hay otra capa que casi nadie incluye y que cambia la forma en que vives tu dinero: el presupuesto de libertad. La mayoría de las personas asigna dinero a lo que ya existe en su vida y deja el crecimiento para "cuando se pueda". Esa lógica te mantiene en el mismo lugar, porque siempre habrá algo urgente que ocupe el espacio. El presupuesto de libertad es dinero reservado para oportunidades. No oportunidades abstractas, sino concretas: cursos que aumenten tu valor, herramientas que te hagan más eficiente, eventos que expandan tu red, libros o mentorías que te den criterio, experiencias que abran puertas. Es una declaración: mi futuro no depende solo de trabajar más, depende de posicionarme mejor.

Este presupuesto es antifraude porque le quita al impulso una de sus excusas favoritas: "no invierto en mí porque no puedo". Cuando lo reservas de antemano, aunque sea una cantidad modesta, dejas de negociar contigo mismo. Y también evitas el otro extremo: gastar "en oportunidades" como excusa para comprar cosas que en realidad son deseo disfrazado. Si tienes un espacio definido, puedes preguntarte con claridad: "¿esto entra en libertad o es solo consumo con maquillaje?". El presupuesto de libertad te obliga a elegir, y elegir con criterio es el músculo de la riqueza.

La tercera pieza es el presupuesto de paz. Si algo define a la inflación del estilo de vida es su fragilidad: necesitas que todo salga bien para no retroceder. Un imprevisto te mueve el piso, te obliga a endeudarte o te empuja a recortar de golpe, y ese golpe te genera ansiedad. El presupuesto de paz es un colchón que existe para que lo inesperado no te devuelva a cero. No es "dinero muerto". Es una póliza emocional. Es la diferencia entre reaccionar con pánico y responder con calma.

La paz financiera no se construye con un número mágico; se construye con la certeza de que un contratiempo no te obliga a traicionarte. Cuando tienes colchón, una reparación, un gasto médico, un mes irregular o una urgencia familiar no se vuelven tragedia. Se vuelven un evento. Y esa distinción te cambia la vida. Porque cuando no hay colchón, cada sorpresa se interpreta como amenaza, y bajo amenaza tu mente vuelve a los reflejos: evitación, impulsividad, decisiones apuradas. El presupuesto de paz te mantiene en tu plan incluso en semanas difíciles. Y esa estabilidad es riqueza, aunque no salga en una foto.

Un presupuesto antifraude emocional, entonces, no es solo un documento. Es un acuerdo contigo: voy a nombrar mis necesidades, voy a reservar espacio para crecer y voy a proteger mi tranquilidad. Cuando haces eso, el dinero deja de ser un campo de batalla entre placer y responsabilidad. Se vuelve una herramienta al servicio de tu vida, no una muleta para sostener emociones.

3.3 Subidas inteligentes: mejora tu vida sin perder riqueza

Mejorar tu vida es legítimo. De hecho, es parte del sentido de construir riqueza: que tu realidad sea más amplia, más cómoda, más libre. El problema aparece cuando cada mejora se convierte en una escalera sin final, donde nunca llegas a sentir estabilidad porque todo aumento de ingreso se evapora en nuevas obligaciones. Las subidas inteligentes son la forma de disfrutar el progreso sin convertirlo en una trampa. No se trata de vivir como si nada cambiara. Se trata de cambiar con reglas.

La primera regla es simple y poderosa: cuando suben ingresos, sube el ahorro primero. No "si sobra", no "cuando me organice", sino primero. Esto rompe el patrón automático de inflar gastos al mismo ritmo que el ingreso. Si te aumentan el salario, si cierras un contrato mejor, si tus ventas suben, el primer movimiento no es mejorar tu estilo de vida. El primer movimiento es mejorar tu estructura: tu tasa de ahorro, tu inversión, tu colchón de paz, tu presupuesto de libertad. Luego, con lo que queda, mejoras tu vida. Esto tiene un efecto psicológico inmediato: tu progreso se vuelve real, porque una parte se convierte en patrimonio o en margen en vez de convertirse en consumo.

Aplicar esta regla no significa que no puedas celebrar. Significa que celebras sin hipotecar tu mañana. Si tu mente necesita un gesto de recompensa, lo haces dentro de un marco que protege tu trayectoria. Así evitas el clásico escenario: ganas más, gastas más, te acostumbras, y de pronto necesitas ese ingreso nuevo para sentirte normal. Esa es la definición de trampa. La regla de aumento convierte el aumento en libertad, no en dependencia.

La segunda estrategia es escalar por capas. La inflación del estilo de vida se acelera cuando mejoras diez cosas en un mes. Cada mejora trae costos invisibles: más mantenimiento, más suscripciones, más hábitos, más expectativas, más decisiones. Te saturas sin darte cuenta. Escalar por capas significa elegir una mejora por trimestre. Una. Puede ser mejorar tu vivienda, tu transporte, tu salud, tu herramienta de trabajo, tu formación, tu alimentación, tu descanso. Pero no todo a la vez. Este ritmo parece lento, pero es el que crea estabilidad. Porque te da tiempo para adaptarte, para ver el costo real, para integrar la mejora en tu sistema sin que se vuelva una fuga.

Además, escalar por capas te protege de la euforia. Cuando el ingreso sube, aparece una urgencia emocional: "ahora sí, por fin". Esa urgencia es natural, sobre todo si vienes de épocas de escasez. Pero si la sigues sin filtro, construyes una vida con demasiados compromisos. En cambio, si escalas por capas, conviertes el deseo en planificación. No te niegas; te ordenas. Y ese orden es lo que hace que la mejora sea duradera, no una montaña rusa.

La tercera regla es comprar con criterio: costo por uso, mantenimiento y tiempo, no solo precio. El precio es lo visible. Pero muchas compras caras en realidad son baratas por uso, y muchas compras "baratas" son carísimas por repetición o por desgaste. Cuando compras con criterio, te preguntas: ¿cuánto voy a usar esto de verdad? ¿qué me costará mantenerlo? ¿cuánto tiempo me ahorra o me roba? ¿me simplifica la vida o la complica?

Piensa en algo común: un objeto de baja calidad que se rompe, te hace perder tiempo, te obliga a reemplazarlo, te frustra. Fue barato, pero el costo real fue alto. O al revés: una herramienta buena que dura años, te ahorra dolores de cabeza, te hace más eficiente. Fue más cara, pero el costo por uso fue bajo. Este criterio también aplica a servicios y suscripciones. Algo puede costar poco al mes, pero si no lo usas, su costo por uso es infinito. Y si ocupa espacio mental, si te llena de opciones, si te añade ruido, también te cuesta en energía.

El criterio del tiempo es especialmente importante porque la inflación del estilo de vida no solo drena dinero; drena atención. Más cosas suelen significar más decisiones: gestionar, actualizar, renovar, reparar, comparar, elegir. Y la atención es uno de tus activos más valiosos. Si una mejora te devuelve tiempo y claridad, puede ser una subida inteligente. Si te añade complejidad, quizá sea una subida que se siente bien hoy pero te pesa mañana.

Cuando combinas estas tres reglas, ocurre algo interesante: empiezas a mejorar tu vida sin aumentar tu ansiedad. Tu estilo de vida crece, pero tu estructura crece antes. Tu margen se fortalece. Tus oportunidades aumentan. Y tu paz no depende de que nada salga mal. Ese es el punto final de las subidas inteligentes: no es tener más cosas, es tener más opciones. Es poder decir que sí sin miedo y poder decir que no sin culpa.

La inflación del estilo de vida te promete bienestar inmediato, pero te vende fragilidad. Las subidas inteligentes te piden paciencia, pero te compran estabilidad. Y en el largo plazo, la estabilidad es lo que te permite disfrutar de verdad. Porque cuando tu futuro no está secuestrado por tus gastos, el presente deja de sentirse como una carrera. Se siente como una vida que eliges, con mejoras que se sostienen. Y eso, más que cualquier símbolo externo, es riqueza real.

Capítulo 4 — El dinero que no ves: las fugas silenciosas del día a día

El drenaje no te arruina por grande… te arruina por constante. Esa es una verdad incómoda porque va contra la intuición. Nos asustan los golpes enormes: una deuda grande, un gasto médico, una pérdida inesperada. Pero lo que más suele destruir la riqueza no es el impacto, sino la erosión. La erosión no hace ruido. La erosión no llega con una alarma. La erosión se integra a tu vida como "normal". Y cuando algo se vuelve normal, deja de ser cuestionado. Ahí es donde el dinero desaparece sin que lo notes: en pagos pequeños que se repiten, en comisiones que parecen inevitables, en "peajes" invisibles que pagas por comodidad, por falta de atención o por haber dejado decisiones importantes en piloto automático.

Este capítulo trata del dinero que no ves. No porque esté oculto en un lugar misterioso, sino porque está escondido en la rutina. Lo ves en el extracto como una línea más, con nombres abreviados, fechas repetidas, importes que no parecen graves. Y justo por eso es peligroso: porque el cerebro subestima lo constante. Un gasto pequeño, repetido, se convierte en estructura. Y cuando la estructura se infla, tu margen se encoge. No te das cuenta el primer mes. Ni el segundo. Te das cuenta cuando sientes que ganas más pero respiras igual, cuando tu plan siempre se posterga, cuando cualquier imprevisto te desestabiliza. Entonces miras alrededor buscando "el gran problema" y a veces no existe uno solo. Existen veinte pequeños. La suma es el enemigo.

Hay una ventaja enorme, sin embargo: estas fugas se pueden arreglar relativamente rápido. No requieren una transformación emocional profunda como algunos hábitos de consumo. Requieren atención concentrada y decisiones conscientes. Es un tipo de progreso que se siente inmediato porque recuperas control. Y recuperar control, aunque sea en detalles, cambia tu relación con el dinero. Dejas de sentir que el dinero "se va" y empiezas a sentir que tú lo asignas. Esa diferencia es esencial. La riqueza no es solo cuánto entra; es cuánto se queda trabajando para ti, sin que tengas que pelear cada semana.

4.1 Suscripciones, comisiones y "peajes invisibles"

Las suscripciones son una de las formas más elegantes de drenaje moderno. Están diseñadas para ser cómodas, y la comodidad tiene un precio. La mayoría de las personas no "elige" suscripciones cada mes; las hereda de decisiones pasadas. Un día te suscribes para probar algo. Otro día aceptas un plan "más completo" porque te lo recomiendan. Otro día necesitas almacenamiento extra. Otro día alguien te comparte un servicio y luego tú pagas el tuyo. Todo es lógico en el momento. Lo que no ves es el efecto acumulativo: la cuenta mensual se llena de pequeños compromisos que ya no representan tu vida actual. Sigues pagando por una versión antigua de tus necesidades.

La auditoría brutal es el primer paso, y se llama "brutal" no por ser agresiva, sino por ser total. Aquí no sirve una revisión tibia donde miras dos o tres gastos y te sientes mejor. Sirve una lista única donde esté todo lo recurrente, incluso lo pequeño. Todo significa todo: plataformas de streaming, música, almacenamiento en la nube, apps, herramientas de trabajo, newsletters de pago, membresías, gimnasios, servicios digitales, seguros, cuotas, planes de telefonía, internet, bancos, comisiones de mantenimiento, tarjetas, intereses, servicios de entrega, programas "premium" y cualquier cosa que se cobre de forma periódica o que se repita con una regularidad sospechosa. La lista es el espejo que la mayoría evita, porque temen sentir culpa. Pero la auditoría no es para culparte. Es para que la realidad deje de estar fragmentada. Lo fragmentado es lo que se escapa.

Hacerlo en una sola lista cambia tu percepción. Un pago de "poco" deja de ser poco cuando lo ves junto a otros quince pagos de "poco". Además, la lista revela algo que el cerebro tiende a ignorar: la repetición es compromiso. Si se repite, es una decisión continua, aunque tú no la estés tomando conscientemente. Y eso es exactamente lo que queremos corregir: convertir decisiones automáticas en decisiones conscientes.

Cuando tengas esa lista, el segundo paso es identificar duplicados. Los duplicados son más comunes de lo que parece porque nuestras vidas digitales se superponen. Puedes pagar dos servicios de streaming cuando en realidad usas uno. Puedes tener varias apps con funciones parecidas: notas, tareas, edición, almacenamiento, seguridad, música, meditación. Puedes pagar almacenamiento extra en más de un lugar porque un día lo necesitaste y nunca lo revisaste. Puedes tener membresías activas que ya no usas porque cambiaste de rutina, pero el pago sigue saliendo porque el sistema está diseñado para que lo olvides. También existen duplicados más sutiles: pagar por conveniencia en varias partes del día sin notar que es un patrón, como servicios de entrega que se suman al punto de competir con otras prioridades.

Detectar duplicados no significa vivir con lo mínimo por ideología. Significa eliminar redundancia. La redundancia es un lujo silencioso que no da satisfacción proporcional. Pagas dos veces por lo mismo, pero no disfrutas el doble. Solo pierdes margen. Y el margen es lo que te compra libertad, oportunidades y tranquilidad. En otras palabras, eliminar duplicados no te quita calidad de vida; te la devuelve en forma de espacio.

El tercer paso es renegociar y recortar, pero con una mentalidad particular: no se trata de "cortar por cortar". Se trata de recuperar intención. Hay gastos recurrentes que valen cada euro porque te dan valor real. El problema es que, sin revisión, no distingues entre lo que vale y lo que está por inercia. Renegociar significa preguntarte si el precio que pagas sigue teniendo sentido, si existe un plan más adecuado, si hay alternativas, si puedes agrupar servicios, si puedes bajar de nivel sin perder lo esencial, si puedes compartir de forma legítima cuando corresponde, o si puedes pausar sin drama. Muchas empresas cuentan con descuentos, ofertas de retención o planes ocultos que no aparecen hasta que intentas cancelar. Y más allá de eso, renegociar también incluye servicios tradicionales: internet, telefonía, seguros, comisiones bancarias. Son peajes invisibles porque asumimos que son "así", pero muchas veces hay margen para cambiar condiciones.

Recortar, en este contexto, es un acto de higiene. No es castigo. Es decir: "esto ya no representa mi vida". El recorte más efectivo suele ser el que te libera sin que lo extrañes. Por eso conviene empezar por lo que te da menos valor. Hay suscripciones que ni recuerdas por qué existen. Hay membresías que te prometieron una identidad ("soy alguien que hace esto") y solo te dejaron una cuota. Hay servicios que eran necesarios en una etapa y ahora solo ocupan espacio. Recortar eso es como limpiar un cajón lleno de cosas que ya no usas: te da ligereza inmediata.

El verdadero cambio ocurre cuando conviertes la auditoría en un hábito de revisión periódica. Porque el mundo está diseñado para que acumules pagos. Cada nueva app, cada nuevo servicio, cada nuevo nivel "premium" se ofrece como "solo un poco más". Y si no revisas, tu vida se llena de "solo un poco más" hasta que tu presupuesto se vuelve inflexible. La solución no es negarte a todo, es decidir. La decisión consciente te permite disfrutar lo que eliges y eliminar lo que no.

Hay un tipo especial de fuga que merece atención: las comisiones y los "peajes" invisibles. Comisiones por mantenimiento, por transferencias, por cambio de divisa, por retiro de efectivo, por intereses de tarjetas que se acumulan cuando pagas tarde o solo el mínimo. Peajes como el costo de pagar por impulso: recargos por compras rápidas, envíos por no planificar, penalizaciones por no leer condiciones, gastos por tardanza que parecen inevitables. A veces no te das cuenta de cuánto pagas por fricción mal gestionada. Un presupuesto antifuga mira esos peajes como lo que son: precio por falta de diseño. La buena noticia es que se pueden reducir con decisiones simples, como elegir mejor productos financieros, pagar a tiempo, agrupar pagos, automatizar, o cambiar hábitos de consumo que generan recargos.

El objetivo final de esta sección es que recuperes una postura mental: "lo recurrente se revisa". Esa frase, aplicada sin fanatismo, te protege para siempre. Porque lo recurrente es donde tu vida se define. No por una compra grande ocasional, sino por lo que aceptas mes tras mes sin mirarlo. Cuando revisas lo recurrente, descubres que la riqueza no requiere milagros. A veces requiere una tarde de claridad. Una lista honesta. Un puñado de cancelaciones. Una renegociación. Y, sobre todo, el compromiso de no volver a dormirte al volante.

Cuando conviertes gastos automáticos en decisiones conscientes, el dinero deja de "escaparse". Empieza a obedecer. Y cuando el dinero obedece, tu futuro deja de depender de que seas perfecto. Depende de que seas intencional. Esa es la gran victoria silenciosa del capítulo: aprender a ver lo que antes era invisible, para que tu balde deje de tener agujeros que alimentas sin darte cuenta.

4.2 Compras impulsivas camufladas de "pequeños gustos"

Hay fugas que no parecen fugas porque vienen con una sonrisa. Se presentan como "un pequeño gusto", "algo que no es para tanto", "un detalle para mí", "solo hoy". Y, en efecto, una vida sin gustos se vuelve seca. El problema no es el gusto; es el camuflaje. Cuando el impulso se disfraza de autocuidado, te roba margen sin activar tus alarmas internas. No se siente como error, se siente como permiso. Y por eso se repite.

Estas compras suelen tener señales muy claras, aunque el cerebro intente ignorarlas. La primera señal es la velocidad. Son compras rápidas, casi automáticas, hechas en un hueco de tiempo o mientras haces otra cosa. No hay pausa, no hay deliberación, no hay preguntas. La segunda señal es la justificación instantánea. Tu mente produce un argumento listo, como si lo tuviera preparado: "me lo merezco", "lo necesito", "me va a servir", "me va a ahorrar tiempo", "es barato", "estaba en oferta". La tercera señal es la ausencia de comparación. No miras opciones, no evalúas alternativas, no te preguntas si lo usarás. La cuarta señal es la urgencia. Sientes que debes comprarlo ahora: porque se acaba, porque la oferta termina, porque "si no lo hago ya, lo pierdo". Y una quinta señal, menos evidente pero muy confiable, es el estado emocional: esas compras aparecen cuando estás cansado, aburrido, ansioso, solitario o comparándote.

Cuando se juntan velocidad, justificación, falta de comparación y urgencia, casi siempre estás ante una compra impulsiva aunque el precio sea pequeño. Y lo pequeño es precisamente lo que la vuelve peligrosa. El cerebro subestima los importes bajos, pero no subestima el alivio que le dan. Por eso se engancha. Un gasto pequeño repetido no solo suma dinero; suma hábito. Y cuando un hábito se vuelve normal, su suma deja de doler, pero su efecto sí: tu margen se comprime, tu colchón tarda en crecer, tus metas se postergan. Te quedas atrapado en un "no entiendo por qué no avanzo" mientras el drenaje ocurre en microcuotas.

La técnica del retraso es el antídoto más práctico porque trabaja con una verdad psicológica: el deseo es temporal, pero la compra es permanente. Retrasar no es prohibir; es recuperar tiempo para decidir. La ventana puede ser de 24 a 72 horas según el tipo de compra y tu patrón. El objetivo es que la emoción baje y que la decisión la tome una versión más tranquila de ti. Si la compra era realmente útil, seguirá siéndolo mañana. Si era impulso, probablemente pierda brillo o se transforme en indiferencia.

Para que el retraso funcione, necesitas una segunda parte: una lista de alternativas. Porque si solo retrasas, tu mente siente vacío y buscará otro escape. La lista de alternativas es un menú de reemplazos inmediatos que te dan algo parecido a lo que buscabas sin comprar. Si buscabas estímulo, la alternativa puede ser música, un paseo corto, un cambio de escenario, un mini reto físico. Si buscabas alivio, puede ser una pausa real, una ducha, una respiración lenta, preparar algo simple, ordenar un espacio. Si buscabas pertenencia, puede ser escribir a alguien, planear una actividad barata, hablar con un amigo. Si buscabas recompensa, puede ser un ritual que te guste y que ya esté en tu sistema.

La lista de alternativas no tiene que ser sofisticada; tiene que ser accesible. La clave es que esté preparada antes del impulso. Porque durante el impulso, tu mente no quiere inventar soluciones; quiere la salida más fácil. Si la salida fácil ya existe y no cuesta dinero, empiezas a reeducar tu cerebro: aprendes que puedes sentirte mejor sin abrir la cartera. Ese aprendizaje vale más que cualquier recorte puntual.

Ahora, cuidado con un error común: sustituir compras por restricciones duras que te dejan frustrado. Si te impones un "nunca" y luego recaes, te castigas, y el castigo suele volver a empujarte al impulso. En cambio, el reemplazo inteligente tiene una filosofía distinta: no se trata de eliminar placer; se trata de diseñar placer que no se vuelva adicción. Un ritual de placer barato es algo que disfrutas, que te recarga, y que no te deja con resaca financiera ni emocional. Es un placer con intención.

Un ejemplo simple es transformar un gasto frecuente en una experiencia más lenta y más plena. Si el "pequeño gusto" era comprar algo rápido para sentir un pico de dopamina, el reemplazo puede ser crear un momento: preparar tu bebida favorita en casa con calma, encender una vela, escuchar una canción completa sin multitarea, caminar por una ruta agradable, leer unas páginas. Es curioso, pero muchos impulsos no buscan objetos; buscan sensaciones. Y las sensaciones se pueden diseñar. Si tu sistema incluye placer de baja fricción y bajo costo, el impulso pierde monopolio.

Con el tiempo, vas a notar una señal de progreso: dejarás de sentir que te estás privando y empezarás a sentir que te estás eligiendo. La compra impulsiva te da una sensación falsa de elección, porque en realidad te elige a ti. El retraso y el reemplazo te devuelven la agencia. Y la agencia es riqueza mental, incluso antes de que se vea en los números.

4.3 Costos de tiempo: pagar con tu vida sin darte cuenta

El dinero que no ves no solo se escapa en pagos pequeños. También se escapa en algo más valioso: tu tiempo. Y el tiempo es dinero solo en un sentido superficial. En un sentido profundo, el tiempo es tu vida. Si estás pagando con horas sin darte cuenta, estás perdiendo un activo irrecuperable. Lo más peligroso es que muchos costos de tiempo se sienten como "normalidad": arreglar lo que se rompe, repetir errores, buscar cosas que no encuentras, hacer tareas a última hora, reescribir lo mismo, perseguir pagos, apagar incendios. No hay una factura que diga "te cobré tres horas", pero esa factura existe en tu cansancio, en tu falta de enfoque y en las oportunidades que no tomas porque estás drenado.

Hay un tipo de "barato" que sale carísimo: herramientas malas, procesos improvisados, desorganización crónica. Compras una cosa de baja calidad, se rompe, pierdes tiempo en arreglarla, en reemplazarla, en frustrarte. Usas un sistema caótico para tus documentos, y cada búsqueda te roba minutos que se convierten en horas al mes. No automatizas pagos, y te comes recordatorios, multas, correos y ansiedad. No tienes plantillas, y escribes el mismo mensaje veinte veces. No tienes calendarios claros, y vives reaccionando. La suma de todo eso es un drenaje silencioso de energía.

Para tomar decisiones inteligentes aquí, necesitas calcular tu tarifa personal. No como un número perfecto, sino como una referencia que te ayude a evaluar: "¿esto merece mi tiempo o sería mejor delegarlo, automatizarlo o aprenderlo bien una vez?". Tu tarifa personal puede basarse en lo que ganas por hora si eres asalariado, o en un estimado razonable si trabajas por proyectos. Pero incluso si tu ingreso no es alto, tu tiempo tiene valor porque tu energía es finita. Si gastas muchas horas en tareas repetibles, te quedas sin espacio mental para lo que aumenta tus ingresos o tu calidad de vida.

La tarifa personal te ayuda a elegir entre tres caminos: delegar, automatizar o aprender. Delegar significa pagar para que alguien lo haga cuando tu tiempo vale más en otra parte o cuando esa tarea te drena. Automatizar significa configurar una vez para no pagar el costo de decisión cada mes. Aprender significa invertir un poco de esfuerzo al principio para hacerlo mejor y más rápido después. La clave es no quedarte en el cuarto camino, que es el más común y el más caro: repetir mal para siempre.

Aquí es donde el diseño vuelve a aparecer. Si quieres dejar de pagar con tu vida sin darte cuenta, necesitas un sistema. Un sistema no es una app brillante. Es una estructura mínima que evita que tu día se convierta en una colección de improvisaciones. Plantillas, calendarios, recordatorios, pagos automáticos. Suena poco emocionante, pero es libertad disfrazada de aburrimiento.

Las plantillas son el antídoto contra la repetición. Plantillas para correos, para propuestas, para mensajes frecuentes, para respuestas a clientes, para presupuestos. No para sonar robótico, sino para no reinventar el mismo texto cada vez. Cuando tu cerebro repite lo mismo, se cansa. Cuando usas plantillas, tu cerebro se reserva para pensar mejor.

Los calendarios son el antídoto contra el caos. No basta con "tener cosas en la cabeza". La cabeza es un lugar caro para guardar tareas. Un calendario claro te permite anticipar semanas pesadas, planear descansos y evitar el gasto impulsivo que aparece cuando estás agotado. Recuerda el vínculo: el caos de tiempo suele producir caos de gasto. Cuando no planificas, pagas por conveniencia de forma desordenada. Cuando planificas, eliges dónde pagar por conveniencia y dónde no.

Los recordatorios son el antídoto contra la ansiedad difusa. Parte del estrés financiero no viene de la falta de dinero, sino de tener cosas pendientes flotando. Facturas por pagar, renovaciones, fechas límite, trámites. Cuando no las conviertes en un sistema de recordatorios, tu mente las sostiene en segundo plano, y ese segundo plano te drena. Un recordatorio a tiempo vale más que una promesa de "luego lo hago".

Y los pagos automáticos, bien usados, son el antídoto contra multas, olvidos y fricción. Automatizar no significa perder control; significa elegir una vez y dejar de gastar energía en decisiones repetitivas. Eso sí: automatizar exige revisiones periódicas, porque lo automático sin revisión se convierte en otra fuga, como vimos con las suscripciones. La combinación correcta es automatización más auditoría, no automatización y olvido.

Al final, los costos de tiempo y los costos de dinero son primos. Ambos se esconden en la rutina. Ambos parecen pequeños hasta que los sumas. Y ambos se corrigen con el mismo enfoque: diseño. Cuando empiezas a valorar tu tiempo con la misma seriedad que valoras tu dinero, aparece un nuevo tipo de riqueza: la de tener días más livianos. Días donde no vives corriendo detrás de lo que no organizaste. Días donde tu energía está disponible para crear, negociar, aprender, invertir, descansar y estar con los tuyos. Esa riqueza no se ve en un extracto bancario, pero se siente en el cuerpo. Y cuando se siente, dejas de pagar con tu vida sin darte cuenta.

Capítulo 5 — Decisiones grandes: donde se gana o se pierde una década

Un mal contrato puede costarte más que cien compras impulsivas. Las compras pequeñas te drenan por repetición, sí, pero las decisiones grandes te moldean la vida. Son las que fijan tu estructura mensual, tu margen, tu flexibilidad y hasta tu salud mental. Y lo más delicado es que suelen tomarse con una mezcla peligrosa de emoción y presión social: una sensación de "ya toca", una urgencia por cerrar, una narrativa de éxito, o el miedo de quedarse atrás. Firmas un contrato, eliges un coche, te mudas a un lugar más caro, te comprometes con una cuota, y de pronto tu libertad se reduce sin que lo notes. No porque la decisión sea "mala" por definición, sino porque su costo total no era el que imaginabas.

Este capítulo no es para decirte que no compres cosas grandes o que vivas con lo mínimo. Es para que entiendas que, en ciertas decisiones, lo importante no es el precio, sino la fricción futura. Una vivienda, un coche y el estilo de vida que los acompaña pueden convertirse en una triada peligrosa porque se retroalimentan. Cambias una pieza y, casi sin darte cuenta, las otras dos suben de nivel para "estar a la altura". Una casa más grande suele empujar muebles, decoración, servicios, energía, mantenimiento. Un coche más caro suele empujar seguros, impuestos, revisiones, reparaciones, y también hábitos: más salidas, más gasolina, más "ya que tengo…". Y el estilo de vida —el estándar social que adoptas— convierte esos costos en "normalidad". Lo que un día era lujo se vuelve base. Ahí es donde se gana o se pierde una década: no en el gesto de compra, sino en el compromiso prolongado.

Las decisiones grandes también tienen una característica psicológica: una vez que las tomas, tiendes a justificarlas. No quieres sentir que te equivocaste. Entonces ajustas tu identidad para que encaje con la decisión. "Esto era lo que necesitaba", "esto me motiva", "esto es inversión", "esto es por mi familia". A veces es cierto, pero a veces es racionalización. Y la racionalización puede ser peligrosa porque te impide corregir a tiempo. Por eso necesitamos un enfoque que no se base en orgullo, sino en criterios. Criterios que te protejan cuando estés emocionado, cansado o presionado.

5.1 Vivienda, coche y estilo de vida: la triada peligrosa

La triada peligrosa se entiende mejor si separas tres conceptos que suelen mezclarse: deseo, necesidad y estatus. La necesidad es lo que sostiene tu vida con dignidad: seguridad, descanso, cercanía razonable a tu trabajo o actividades, un espacio funcional, movilidad suficiente. El deseo es lo que mejora tu experiencia: más comodidad, más estética, más amplitud, más prestaciones. El estatus es lo que comunica algo a los demás o a ti mismo: "he llegado", "pertenezco", "no me quedo atrás". No hay nada "malo" en desear o en cuidar tu imagen, pero el problema aparece cuando llamas necesidad a lo que en realidad es estatus. Esa confusión es carísima porque convierte una elección emocional en una obligación financiera.

En vivienda, por ejemplo, una necesidad puede ser vivir en un lugar seguro, con condiciones decentes y con un trayecto que no te destroce el día. Un deseo puede ser tener luz natural, una terraza, una cocina más bonita. Estatus puede ser vivir en cierto barrio porque "se espera" o porque te valida. Si eliges desde estatus y lo llamas necesidad, te colocas en un nivel de gastos fijo que te roba margen durante años. Lo mismo con el coche: necesidad puede ser moverte de forma confiable; deseo puede ser comodidad o ciertas funciones; estatus puede ser el modelo que te "representa" ante tu entorno. La pregunta que te protege es simple: ¿si nadie viera esto, lo elegiría igual? No para negarte cosas, sino para aclarar qué parte de la elección es para ti y qué parte es para una audiencia imaginaria.

El estilo de vida entra como amplificador. Porque no es solo la casa o el coche, es lo que viene alrededor. El barrio influye en gastos cotidianos, escuelas, restaurantes, actividades. El coche influye en tu relación con el consumo: no es igual tener un vehículo que te invita a la simplicidad que uno que te empuja a "mantener el nivel". El estilo de vida también es la suma de pequeñas decisiones que buscan coherencia con la elección grande. Te mudas a un sitio mejor y de pronto "no queda" comprar ciertas cosas baratas, o sientes que necesitas decorar, o empiezas a decir sí a planes más caros para encajar. Así el estatus se vuelve sistema.

Para evitar caer en esa espiral, necesitas mirar el costo total, no el precio. El precio es solo la puerta de entrada. El costo total es lo que vivirás mes a mes, año a año, en dinero, tiempo y energía. En vivienda, el costo total incluye renta o hipoteca, pero también mantenimiento, reparaciones, comunidad, impuestos, servicios, calefacción o aire acondicionado, muebles, mejoras inevitables, y el costo invisible del trayecto. La ubicación puede parecer un detalle, pero el tiempo de transporte se convierte en desgaste. El desgaste se convierte en menos energía. Menos energía suele convertirse en más gasto por conveniencia. De pronto, la casa "bonita" te cuesta más porque te deja más cansado. Y ese cansancio se paga.

En coche, el costo total incluye combustible o carga, seguro, impuestos, revisiones, neumáticos, estacionamiento, peajes, depreciación, reparaciones, y también el costo de oportunidad: el dinero que queda atrapado en un activo que pierde valor en lugar de crecer en inversiones o colchón. Además está el estrés. Un coche muy caro para tu margen añade una presión silenciosa:

miedo a la reparación, miedo a un golpe, preocupación por mantenerlo impecable, ansiedad por la cuota. Ese estrés no aparece en la hoja de cálculo, pero existe. Y el estrés, de nuevo, suele traducirse en decisiones peores.

La energía es parte del costo total. Si tu estructura te deja sin margen, tu mente vive en alerta. Y cuando vives en alerta, te vuelves más impulsivo o más evitador. Empiezas a posponer, a justificar, a tapar. La casa y el coche deberían darte soporte, no convertir tu vida en una carrera para pagar. Por eso el criterio no es "¿puedo pagar esto este mes?", sino "¿puedo sostener esto sin perder mi paz y mis opciones?". Sostener no es sobrevivir. Sostener es vivir.

Aquí entra la regla de salida, una de las más protectoras que existen: no entres en nada de lo que no puedas salir sin drama. Esta regla es un filtro de libertad. Porque la vida cambia. Cambia tu trabajo, cambia tu salud, cambian tus prioridades, cambian tus relaciones, cambian los mercados. Si te metes en un compromiso del que solo puedes salir con dolor, con deudas, con conflictos o con una caída fuerte, estás apostando tu estabilidad a que el mundo sea estable. Y el mundo no lo es.

Aplicar la regla de salida significa preguntar antes de firmar: si esto deja de servirme en un año o dos, ¿qué tan fácil es ajustar? ¿Cuánto me cuesta salir? ¿Qué penalizaciones hay? ¿Qué pasa si mis ingresos bajan? ¿Qué pasa si quiero mudarme? ¿Qué pasa si necesito vender? ¿Qué pasa si tengo un imprevisto? La gente suele hacer estas preguntas cuando ya es tarde, cuando la decisión ya los aprisiona. Pero las preguntas son más baratas antes de entrar. La regla de salida también te protege del autoengaño del optimismo: ese "seguro me irá bien" que puede ser verdad, pero no es un plan. Un plan contempla escenarios sin pánico.

En vivienda, la regla de salida implica no estirar tu presupuesto al máximo solo porque el banco lo aprueba o porque "puedes" en papel. El banco no paga tu estrés. En coche, implica no asumir cuotas que te dejan sin margen de reparación o sin colchón. En estilo de vida, implica no construir una identidad que depende de sostener gastos altos para sentir que vales. Porque si tu autoestima está anclada a un estándar caro, cada ajuste se siente como humillación. Y eso te hace aferrarte a decisiones que ya no te convienen.

La triada peligrosa no es peligrosa porque sea mala. Es peligrosa porque es pegajosa. Una vez que entras, te acostumbras, y lo que era elección se vuelve base. Por eso la lucidez importa más que el entusiasmo. Si distingues deseo, necesidad y estatus, si miras costo total y no solo precio, y si aplicas la regla de salida, puedes tomar decisiones grandes que mejoren tu vida sin robarte una década. No vivirás "con miedo". Vivirás con criterio. Y el criterio, cuando se trata de dinero, es una forma de libertad que se nota no en el lujo, sino en la tranquilidad de saber que, pase lo que pase, sigues teniendo opciones.

5.2 Pareja y dinero: acuerdos o guerras silenciosas

El dinero en pareja rara vez es solo dinero. Es seguridad, poder, libertad, control, miedo, orgullo, lealtad familiar, identidad. Por eso puede unir o erosionar sin que nadie levante la voz. Hay parejas que nunca discuten por dinero y aun así viven en una guerra silenciosa: uno compra para compensar, el otro controla para sentirse seguro, uno evita hablar para no generar conflicto, el otro interpreta el silencio como desinterés. En la superficie todo sigue. Por debajo, se acumula resentimiento. Y el resentimiento, con el tiempo, cuesta más que cualquier comisión bancaria.

La base de estas dinámicas suele estar en roles financieros y heridas. Un rol es la postura que adoptas frente al dinero cuando te sientes vulnerable. La herida es el origen emocional que vuelve ese rol rígido. En muchas parejas aparece un "controlador" y un "evitador" sin que lo hayan elegido. El controlador revisa, pregunta, anticipa, quiere certezas. A veces lo hace desde responsabilidad, pero muchas veces lo impulsa el miedo: miedo a caer, a depender, a repetir un pasado de escasez o caos. El evitador pospone, no mira, cambia de tema, se justifica con cansancio. No porque sea irresponsable, sino porque el dinero le activa ansiedad o vergüenza. Si no entiende números, se siente pequeño. Si teme discutir, prefiere el silencio. Y el silencio se vuelve estrategia.

Otra combinación frecuente es el "compensador", que usa el gasto como gesto de amor, disculpa o pertenencia. Regala, invita, compra detalles, sostiene económicamente cosas para evitar conversaciones incómodas o para calmar tensión. Puede hacerlo desde generosidad real, pero también desde miedo a ser rechazado, a ser "poco", a no estar a la altura. En el otro extremo puede aparecer quien se siente "cargado" y empieza a llevar una cuenta emocional: "yo pago más", "yo sostengo", "yo me sacrifico". Esa contabilidad emocional es venenosa si no se conversa, porque convierte el dinero en un medidor de amor.

La solución no es que uno cambie y el otro se quede igual. La solución es que ambos nombren el patrón y lo transformen en acuerdos. Y para eso hacen falta conversaciones clave. No conversaciones improvisadas en medio de una discusión, sino conversaciones con intención, cuando ambos están relativamente tranquilos. El objetivo no es ganar, es coordinar. Una pareja coordinada se vuelve más fuerte que cualquier altibajo económico; una pareja descoordinada puede romperse incluso con ingresos altos.

Hay cuatro conversaciones que casi siempre marcan la diferencia. La primera es sobre metas. No "quiero ahorrar", sino "para qué". ¿Qué vida quieren construir? ¿Qué significa libertad para ustedes? ¿Qué quieren priorizar este año y qué puede esperar? Cuando una pareja no tiene metas compartidas, cada gasto se siente como una traición al plan del otro, porque no existe un plan claro. Con metas, en cambio, los límites dejan de ser personales. No es "tú no me dejas", es "estamos protegiendo esto".

La segunda conversación es sobre límites. Límites no solo de gasto, también de decisiones. ¿Qué decisiones requieren acuerdo y cuáles puede tomar cada uno por su cuenta? ¿Qué monto es "libre" sin consultar? ¿Qué compromisos a largo plazo no se firman sin hablar? Si no hay límites explícitos, se crean límites implícitos, y los límites implícitos suelen aparecer en forma de reproche o control. Los límites explícitos, en cambio, reducen fricción. Dan claridad y evitan el típico "yo pensé que estaba bien".

La tercera conversación es sobre deudas, obligaciones y realidades. Aquí se necesita valentía, porque el dinero trae vergüenza. Pero ocultar información financiera es como ocultar una enfermedad en la pareja: el problema no es solo el hecho, sino la desconfianza que genera. Hablar de deudas no es acusar; es poner la verdad sobre la mesa para poder diseñar. Lo mismo con obligaciones familiares. Muchas parejas tienen tensiones por expectativas familiares: ayudar a padres, apoyar a hermanos, sostener tradiciones costosas, mantener cierta imagen. Si no se habla, uno puede sentir que está financiando un guion ajeno. Y cuando sientes eso, el amor se mezcla con resentimiento.

La cuarta conversación es sobre expectativas y roles prácticos. ¿Quién lleva la revisión mensual? ¿Quién se encarga de negociar servicios? ¿Quién mira inversiones? No porque uno sea "jefe", sino porque la coordinación requiere responsables. Si ambos "suponen" que el otro lo hará, no se hace. Si uno lo hace todo, se quema y se vuelve controlador. Repartir tareas con claridad reduce la carga emocional y evita que el dinero se convierta en un tema de poder.

Para sostener estos acuerdos sin infantilizar a nadie, un sistema de cuentas puede ser una herramienta neutral. La idea de "común + personal + metas" funciona porque respeta tres necesidades humanas: pertenencia, autonomía y propósito. La cuenta común cubre gastos compartidos y estructura del hogar. Es el lugar de la coordinación, el "nosotros" práctico. La cuenta personal protege la libertad individual. Cada uno puede gastar sin pedir permiso, dentro de un marco acordado, sin sentirse vigilado. Esto reduce conflictos porque deja de existir la sensación de control constante. Y la cuenta de metas, o el espacio dedicado a objetivos, es el motor del futuro: viajes planeados, fondo de paz, formación, inversión, proyectos. Es el "para qué" convertido en hábito.

La clave está en el tono. Este sistema no es para vigilar ni castigar. Es para que el dinero no se meta entre ustedes como un tercer actor invisible que decide por ustedes. Cuando hay cuentas claras, la conversación cambia. Dejas de pelear por cada gasto y empiezas a diseñar juntos. Y ese diseño, sostenido, puede ser el mejor "retorno" de una década: paz en casa, confianza, sensación de equipo.

5.3 Educación, carrera y habilidades con retorno real

Si hay una decisión grande que puede regalarte una década de ventaja, es invertir en habilidades con retorno real. No hablo de acumular certificados para sentirte productivo. Hablo de habilidades que aumentan tu capacidad de generar valor, negociar mejores condiciones, adaptarte a cambios y construir oportunidades. En un mundo que cambia rápido, la seguridad no viene de una empresa o de un título colgado en la pared. Viene de poder producir resultados en distintos contextos.

Hay habilidades con ROI alto que se repiten en casi cualquier industria. Ventas, entendidas no como manipulación, sino como capacidad de comunicar valor y cerrar acuerdos. Comunicación, para expresar ideas con claridad, persuadir, escribir, presentar, liderar conversaciones difíciles. Negociación, porque el dinero se gana y se pierde en conversaciones, no solo en horas trabajadas. Análisis, para tomar decisiones con datos, entender números, detectar patrones, medir resultados. Tecnología, no necesariamente para ser programador, sino para entender herramientas, automatizar procesos, trabajar con sistemas, usar inteligencia de manera práctica. Estas habilidades son transferibles. Te acompañan aunque cambies de trabajo, de país o de modelo de negocio.

La trampa es elegir formación por promesa y no por evidencia. Hoy hay miles de cursos que venden transformación rápida y te dejan con entusiasmo vacío. Para elegir bien, necesitas criterios simples. Evidencia significa resultados verificables: trabajos de alumnos, proyectos reales, testimonios concretos con contexto, claridad sobre lo que se aprende y cómo se aplica. Práctica significa que no sea solo teoría; que te obligue a producir algo: un guion de ventas, un portafolio, un análisis, un sistema, una campaña, una negociación simulada, una presentación. Comunidad significa rodearte de personas que también están aplicando, porque aprender en aislamiento se diluye. Proyectos significan que, al terminar, tengas algo que mostrar o usar, no solo notas. Mentoría significa feedback de alguien que ve tus errores y te ahorra meses de ensayo ciego.

La pregunta más útil antes de pagar una formación es: "¿Qué output concreto voy a tener en cuatro semanas?". Si la respuesta es vaga, hay riesgo. Otra pregunta poderosa es: "¿Cómo voy a usar esto para generar ingresos o mejorar mis condiciones en los próximos tres meses?". No necesitas una garantía, pero sí un puente. La formación sin puente se vuelve entretenimiento caro, disfrazado de crecimiento.

Para transformar habilidades en dinero, un plan de 12 meses funciona mejor que cualquier impulso. No es un plan rígido; es un ciclo. Primero aprender, luego aplicar, después monetizar y finalmente escalar. Aprender ocupa el inicio, pero con un límite: aprendes lo suficiente para actuar. Aplicar significa usar la habilidad en contextos reales, aunque sea en pequeño: en tu trabajo actual, en un proyecto personal, con clientes pequeños, con prácticas, con casos. Monetizar significa convertir la habilidad en valor que alguien paga: un aumento, un mejor contrato, un servicio, un producto, una consultoría, un rol nuevo. Escalar significa mejorar el sistema: subir precios, aumentar alcance, automatizar partes, construir reputación, crear una cartera de clientes, fortalecer tu red.

Este ciclo evita dos errores comunes. El primero es estudiar sin aplicar, que te da sensación de progreso pero no cambia tu realidad. El segundo es intentar monetizar sin competencia, que te expone a frustración y te hace abandonar. Con el ciclo, la motivación viene de evidencia. Ves mejoras en tu capacidad, recibes feedback, ajustas, vuelves a intentar. En doce meses, esa constancia puede cambiar tu trayectoria más que cualquier recorte de gastos.

Además, estas habilidades tienen un efecto secundario que impacta tus finanzas personales: te vuelves más difícil de engañar, por otros y por ti mismo. Si sabes negociar, pagas menos por servicios y consigues mejores condiciones. Si sabes analizar, detectas fugas y tomas decisiones con calma. Si sabes comunicar, pides lo que vales y haces acuerdos claros en pareja o en negocios. Si entiendes tecnología, automatizas y dejas de pagar con tu tiempo. Es decir, el ROI no es solo más ingreso. Es menos fricción, menos errores, más opciones.

La educación y la carrera no se ganan con genialidad ocasional. Se ganan con dirección. Si eliges una o dos habilidades de alto retorno, si seleccionas formación con evidencia y práctica, y si sigues un ciclo de doce meses donde aprender se convierte en output, el dinero deja de ser un techo. Se vuelve un reflejo de tu capacidad de crear valor. Y esa es una forma de riqueza que no te pueden quitar con una crisis, porque vive en ti, no en un contrato.

Capítulo 6 — Deuda: herramienta o trampa psicológica

La deuda no solo cobra intereses: cobra tranquilidad. A veces te cobra sueño, a veces te cobra paciencia, a veces te cobra autoestima. Y lo más engañoso es que puede cobrarte incluso cuando "estás al día". Porque la deuda no se siente únicamente en el número que debes; se siente en el lugar que ocupa en tu mente. En esa tensión leve que aparece cuando suena una notificación, en la incomodidad de abrir el banco, en el impulso de evitar conversaciones, en el miedo a que algo salga mal justo ahora. Hay personas que ganan bien y aun así viven con el pecho apretado por deudas. Y hay personas con deudas razonables que duermen tranquilas porque tienen un plan. La diferencia no es solo matemática. Es emocional y estratégica.

Este capítulo no te va a demonizar la deuda, porque el mundo moderno funciona, en parte, sobre crédito. Hay deudas que pueden ser herramientas si se usan con criterio: pueden adelantar una inversión, permitir una compra necesaria o apoyar un proyecto con retorno. Pero también hay deudas que son trampas psicológicas: se contraen para aliviar ansiedad, para sostener un estatus, para llenar un vacío o para evitar una verdad. Y cuando una deuda nace de una emoción, tiende a traer más emoción. Te pone en modo supervivencia. Te vuelve más impulsivo o más rígido. Te roba margen mental. Y el margen mental es lo que necesitas para salir.

Hay un mito muy común: "la deuda es un problema de disciplina". A veces sí, pero muchas veces no. Muchas veces la deuda es el resultado de un guion interno, de un entorno de comparación, de falta de estructura o de un momento de crisis donde hiciste lo que pudiste. Cargar con culpa no te ayuda a pagar más rápido. Te ayuda a esconderlo y a repetir. Por eso vamos a hablar de la deuda como lo que es: una relación. Una relación con el tiempo, con el miedo, con el deseo y con la identidad. Si cambias la relación, cambias la experiencia. Y si cambias la experiencia, puedes construir un plan que sea sostenible.

La deuda se vuelve peligrosa cuando se mezcla con silencio. El silencio la hace crecer. La hace sentirse más grande de lo que es, o más inevitable de lo que debería. El silencio también te empuja a decisiones reactivas: pagar lo mínimo sin estrategia, mover dinero de un lado a otro, usar otra tarjeta para tapar la anterior, evitar mirar el total. En ese estado, no gobiernas; respondes. Y cuando solo respondes, pierdes la capacidad de elegir. La riqueza, al final, es la capacidad de elegir. Por eso, antes de hablar de pagos y tasas, necesitamos hablar del costo emocional oculto, porque ese costo decide si podrás sostener cualquier plan.

6.1 Tipos de deuda y el costo emocional oculto

No todas las deudas pesan igual, incluso si el importe es similar. Lo que cambia es la historia que las acompaña y el estado emocional que generan. Hay deudas que te hacen sentir vergüenza, deudas que se vuelven "normales" hasta que un día explotan, y deudas que pueden ser estratégicas porque están alineadas con un plan real. Aprender a distinguirlas es el primer paso para dejar de tratar todas las deudas como si fueran lo mismo. Cuando no distingues, te confundes: te castigas por deudas que requieren estrategia o minimizas deudas que requieren un cambio de vida.

La deuda "vergüenza" es la que te vuelve secreto y reactivo. No es solo un saldo; es un peso en la identidad. Te hace pensar "soy un desastre", "he fallado", "si lo saben, me van a juzgar". La vergüenza es diferente a la culpa. La culpa dice "hice algo mal"; la vergüenza dice "yo soy malo". Y cuando la deuda se une a esa emoción, cambia tu conducta. Empiezas a esconder, a evitar mirar, a no hablar con tu pareja, a no abrir correos, a posponer llamadas. Te vuelves reactivo porque no quieres sentir. La prioridad deja de ser pagar; la prioridad se vuelve no sentir la incomodidad.

Esta deuda suele nacer de momentos donde el dinero se usó para regular emociones o para sostener un estándar que no era sostenible. O también puede nacer de una crisis real, donde tuviste que sobrevivir. En ambos casos, la vergüenza aparece por la historia que te cuentas, no por el hecho en sí. Y esa historia produce decisiones que empeoran el problema: pagar tarde, ignorar tasas, aceptar condiciones malas por miedo, usar crédito para tapar el estrés que el crédito mismo está causando. Es un círculo. Lo más duro es que la vergüenza te aísla justo cuando más necesitas claridad y apoyo.

La salida de la deuda vergüenza no empieza con un cálculo. Empieza con luz. Poner la deuda en papel, verla completa, sin eufemismos, ya reduce parte del terror. La mente teme lo difuso más que lo concreto. Cuando lo haces concreto, recuperas una parte de tu poder. La vergüenza pierde fuerza cuando la deuda deja de ser un monstruo en la sombra y se convierte en un número con un plan. Y un plan no solo ordena dinero; ordena tu sistema nervioso. Por eso esta deuda cobra tranquilidad: porque te roba la sensación de que estás a cargo de tu vida. Recuperar esa sensación es el primer pago real.

La deuda "normalizada" es distinta. No te duele; te adormece. Es la deuda que te hace creer que "siempre es así". "Todos tienen cuotas", "es normal vivir con tarjeta", "pagar el mínimo no pasa nada", "cuando gane más lo arreglo", "no vale la pena pensar tanto". Esta deuda es peligrosa porque no dispara alarma. Se integra a tu presupuesto como si fuera un gasto más, y, sin darte cuenta, se convierte en una estructura que dirige tus decisiones. Empiezas a trabajar para sostener pagos, no para construir patrimonio. Y como está normalizada, rara vez te preguntas qué está costando en oportunidades.

La deuda normalizada suele crecer por pequeños hábitos: financiar cosas que se deprecian, alargar plazos "para que la cuota quede cómoda", acumular intereses en silencio, renovar compromisos sin revisar condiciones. También se alimenta de una cultura que vende el crédito como estilo de vida: "paga después", "divide en cuotas", "cómpralo ahora". El problema no es el mecanismo; el problema es usarlo sin plan. Porque cuando pagas después, estás robándole margen a tu yo futuro. Y si tu yo futuro ya está apretado, el robo se vuelve constante.

El costo emocional oculto de la deuda normalizada es la resignación. La resignación parece paz, pero es rendición. Te acostumbras a vivir con un nivel de presión que ya no reconoces como presión. Y esa presión reduce tu ambición. Te hace pensar más pequeño. Te hace evitar inversiones en ti mismo porque "no puedo". Te mantiene en modo mantenimiento. Incluso puede volverse parte de tu identidad: "yo siempre he vivido así". La deuda normalizada cobra tranquilidad porque te roba esperanza sin que te des cuenta. No con un susto, sino con un goteo.

La deuda "estratégica", en cambio, solo existe si hay plan, tasa adecuada y retorno claro. Aquí la deuda no es un parche emocional ni una costumbre ciega. Es una herramienta, como un martillo: útil si sabes qué estás construyendo, peligrosa si lo agitas sin objetivo. Deuda estratégica significa que sabes exactamente para qué es, cómo la vas a pagar, qué costo tiene y qué retorno esperas. Significa que el retorno no es un deseo vago, sino algo medible: aumenta ingresos, reduce un costo importante, mejora tu capacidad de producir valor, o te permite acceder a un activo que tiene sentido dentro de tu contexto.

Pero hay un detalle que muchas personas omiten: el retorno claro también incluye tu capacidad emocional de sostener el compromiso. Puedes tener una tasa razonable y un plan en papel, pero si la deuda te roba el sueño o te pone en un estado de alerta constante, puede que no sea estratégica para ti. Porque la estrategia no es solo números; es sostenibilidad. Si una deuda te obliga a vivir al límite, te vuelve vulnerable ante cualquier imprevisto. Y cuando eres vulnerable, tomas decisiones peores. La deuda deja de ser herramienta y se convierte en trampa.

Por eso, una deuda es estratégica cuando se siente como un puente, no como una cadena. Un puente te lleva de un punto a otro y sabes cuándo cruzas. Una cadena te mantiene atado y te acostumbras a arrastrarla. La deuda estratégica tiene fecha, ritmo y plan de salida. Tiene margen para imprevistos. No depende de que todo salga perfecto. Y sobre todo, no está sostenida por una mentira emocional del tipo "me lo merezco" o "así soy yo". Está sostenida por una decisión consciente.

Distinguir estos tipos de deuda cambia lo que haces después. Con deuda vergüenza, el primer trabajo es desactivar el secreto y recuperar claridad sin castigo. Con deuda normalizada, el trabajo es despertar: cuestionar la costumbre y ver el costo de oportunidad. Con deuda estratégica, el trabajo es mantener criterios: revisar condiciones, proteger margen y asegurarte de que el retorno se materialice. En los tres casos, el objetivo no es solo pagar. Es recuperar tranquilidad. Porque la tranquilidad es un activo: te permite pensar, negociar, aprender, construir. Sin tranquilidad, incluso un buen ingreso se vuelve frágil. Con tranquilidad, incluso un plan imperfecto se vuelve posible.

La deuda cobra tranquilidad, sí. Pero también puede devolvértela cuando la miras con honestidad, la conviertes en estrategia y dejas de permitir que viva en la sombra. Ese es el inicio real de salir: no solo del saldo, sino del estado mental que te mantenía atrapado.

6.2 Método de salida sin autoengaño

Salir de la deuda no es un acto de valentía de un fin de semana. Es un proceso de claridad sostenida, y la claridad empieza cuando dejas de negociar con la realidad. El autoengaño es el combustible oculto de la deuda: "no es tanto", "ya lo compenso", "cuando entre X lo pago", "este mes me porto bien", "solo necesito respirar un poco". Son frases que suenan amables, pero que te mantienen en el mismo lugar porque retrasan la decisión incómoda: mirar todo y elegir un plan. Un método de salida sin autoengaño no te pide que seas perfecto; te pide que seas preciso. La precisión reduce la ansiedad porque elimina la niebla. Y cuando se va la niebla, la deuda deja de ser un monstruo abstracto y se convierte en un conjunto de movimientos concretos.

El primer paso es el inventario total. Total significa que no te guardas nada "para después" porque te da vergüenza o porque te asusta. El inventario es una fotografía completa de montos, tasas, fechas, mínimos y penalidades. También incluye las deudas pequeñas que sueles ignorar, porque son las que crean la sensación de "no sé por qué siempre estoy apretado". Aquí importa capturar cómo funciona cada deuda: qué interés tiene, qué pasa si pagas tarde, cuánto es el pago mínimo, qué fecha te persigue, si hay comisiones, si existe una penalidad por amortizar antes, si el interés cambia, si hay seguro asociado. La deuda se vuelve peligrosa cuando no entiendes sus reglas. Entender reglas no te convierte en experto, te convierte en alguien difícil de manipular por el miedo.

Este inventario tiene un efecto psicológico inmediato: te devuelve control. Aunque el número total sea incómodo, la mayoría de personas se sorprende de que el terror baja cuando el dato se vuelve concreto. Lo concreto puede doler, pero también se puede ordenar. Lo difuso solo se teme y se evita. Por eso el inventario no es un castigo; es el comienzo de la tranquilidad que la deuda te estaba cobrando.

Con el inventario listo, el segundo paso es elegir un plan que encaje con tu perfil, no con un ideal. Aquí aparecen dos estrategias clásicas por una razón: porque funcionan cuando se sostienen. La avalancha consiste en atacar primero la deuda con tasa de interés más alta mientras mantienes los mínimos en las demás. Es un enfoque matemáticamente eficiente: reduce el costo total de intereses y acelera el camino si mantienes constancia. La bola de nieve consiste en atacar primero la deuda más pequeña mientras mantienes los mínimos en las demás. No es la más eficiente en intereses, pero es poderosa en motivación: te da victorias rápidas, libera pagos, te genera impulso psicológico. Y la motivación, cuando estás cansado de deudas, no es un lujo. Es combustible.

La elección entre avalancha y bola de nieve no debería basarse en lo que "suena más inteligente" en teoría. Debería basarse en cómo te comportas bajo presión. Si eres alguien que se sostiene bien con planes fríos, si puedes esperar resultados sin desesperarte, la avalancha puede ser tu camino. Si, en cambio, te cuesta sostener esfuerzos largos sin recompensa visible, si te cansas y abandonas, la bola de nieve puede ser tu salvación. Porque el mejor plan no es el más perfecto; es el que ejecutas. Muchas personas fracasan con la avalancha no porque sea mala, sino porque su mente necesita señales de progreso más frecuentes. Y muchas personas pagan más intereses con bola de nieve, sí, pero por fin salen porque se quedan en el camino.

Sea cual sea el método, hay un principio que lo convierte en sistema: automatiza lo que puedas y reduce la fricción de cumplir. Si cada mes tienes que tomar diez decisiones para pagar, un día no tendrás energía y fallarás. En cambio, si configuras pagos mínimos automáticos y solo decides el pago extra hacia la deuda objetivo, tu sistema se vuelve más resistente. El objetivo es evitar el "mes malo" donde por cansancio pagas tarde y te comes penalidades. La deuda no perdona la fatiga.

El tercer paso es el blindaje. Sin blindaje, el plan es frágil porque cualquier imprevisto te empuja de vuelta al crédito. Blindaje significa cortar nuevas deudas y crear un mini-fondo de emergencia, aunque sea pequeño. Aquí mucha gente se confunde y piensa: "no puedo ahorrar porque tengo deuda". Pero si no creas un colchón mínimo, cualquier sorpresa te obligará a endeudarte otra vez, y el ciclo continúa. No necesitas un gran fondo al inicio; necesitas uno que te evite recaídas por cosas previsibles: una reparación, una consulta médica, un gasto familiar, una factura inesperada. Ese mini-fondo es una barrera psicológica: evita que el estrés se convierta en tarjeta.

Cortar nuevas deudas también implica diseño ambiental. No basta con prometer "no usaré la tarjeta". Si tu tarjeta está a un clic, si tienes pagos en cuotas disponibles en cada compra, si estás expuesto a disparadores, estás dejando la puerta abierta. Blindar es poner fricción: límites, tarjetas guardadas fuera, compras con retraso, presupuestos por categorías, y una regla clara para el crédito. Una regla sana es tratar el crédito como herramienta de flujo y no como extensión de salario. Si compras algo que no puedes pagar sin sufrir, no lo compraste: lo hipotecaste.

Salir sin autoengaño, entonces, es ver todo, elegir un método que puedas sostener y protegerte del retorno al ciclo. No hay glamour en esto, pero hay libertad. Y esa libertad empieza a sentirse incluso antes de terminar de pagar, porque la tranquilidad no llega el día que el saldo es cero; llega el día que tienes un plan y lo cumples.

6.3 Recaídas: por qué vuelves a endeudarte

Muchas personas pueden pagar deudas una vez y aun así volver a endeudarse. Eso no significa que sean incapaces. Significa que el problema no era solo financiero; era emocional, de entorno o de sistema. La recaída suele ocurrir cuando te encuentras con el mismo disparador de siempre y respondes con el mismo hábito de siempre. El dinero, en ese momento, se vuelve un regulador emocional otra vez. Por eso es importante entender que salir de deudas y mantenerte fuera son dos habilidades distintas. La segunda requiere prevención, no solo esfuerzo.

Los disparadores más comunes son el estrés, la urgencia, la comparación y el "me lo merezco". El estrés acorta tu horizonte y te hace buscar alivio rápido. La urgencia te empuja a decidir sin pensar, a usar crédito como puente sin calcular el costo real. La comparación te hace sentir atrasado y te empuja a gastar para recuperar estatus o pertenencia. Y el "me lo merezco" se vuelve permiso cuando estás agotado y sientes que la vida te debe algo. Estos disparadores no son pecados; son señales. Si sabes cuáles son los tuyos, puedes diseñar un sistema que te proteja. Si no los sabes, te sorprenderán y luego los justificarás.

Aquí entran las reglas previas. Una regla previa es una decisión tomada en frío para el momento en que estés caliente. Porque en caliente, tu mente negocia. En frío, diseñas. Las reglas previas pueden ser tan simples como límites mensuales por categoría, o sobres digitales que separan dinero para que no se mezcle. El punto del sobre digital no es infantilizarte; es evitar que tu dinero sea una piscina donde cualquier impulso se baña. Si hay compartimentos, hay claridad. Si no hay compartimentos, todo parece disponible.

Otra regla previa muy útil es la compra con "doble sí". Para que una compra grande o no planificada ocurra, necesitas dos aprobaciones: la de tu yo del presente y la de tu yo de mañana. El primer sí es el deseo. El segundo sí es la revisión: ¿encaja con mi plan? ¿lo puedo pagar sin usar crédito o sin romper mi colchón? ¿lo usaré de verdad? ¿qué costo invisible trae? Si no puedes darte el segundo sí después de un tiempo de espera, no compras. Esta regla funciona porque no te pelea el deseo; solo le exige coherencia.

También hay reglas sociales, porque muchas recaídas nacen de planes con otras personas. Si tu círculo normaliza el gasto alto, necesitarás frases preparadas para protegerte sin conflicto. No para dar explicaciones largas, sino para sostener tu estándar. Una recaída puede empezar con un "vamos, no pasa nada" cuando sí pasa. Tus reglas previas te ayudan a no improvisar bajo presión.

La parte más profunda, sin embargo, es lo que podríamos llamar terapia del dinero, aunque no implique un terapeuta formal. Es el acto de escribir el patrón, nombrarlo y sustituirlo. Es decir: cuando me siento X, hago Y, y luego siento Z. Por ejemplo: "Cuando me siento saturado, entro a comprar online, me siento aliviado diez minutos, luego me culpo". O: "Cuando me comparo, gasto en apariencia, me siento incluido, luego me preocupo". Escribirlo lo hace visible. Nombrarlo le quita poder. Sustituirlo lo transforma.

Sustituir no significa solo "no gastar". Significa cubrir la necesidad real de otra forma. Si el disparador es estrés, la necesidad puede ser descanso, orden, apoyo. Si es urgencia, la necesidad puede ser planificación y colchón. Si es comparación, la necesidad puede ser pertenencia y autoestima. Si es "me lo merezco", la necesidad puede ser recompensa consciente y recuperación. Cuando identificas la necesidad, puedes diseñar alternativas. Y esas alternativas, repetidas, reprograman el circuito. Es lo mismo que vimos antes: creencia, conducta, evidencia. La recaída es un circuito viejo. La prevención es un circuito nuevo.

Un punto crucial es no interpretar una recaída como identidad. Si recaes, no significa que "eres así". Significa que tu sistema falló en un punto específico: faltó fricción, faltó colchón, faltó una regla, faltó descanso, sobraron disparadores. Si lo miras así, la recaída se convierte en diagnóstico, no en condena. Aprendes, ajustas, continúas. La vergüenza quiere que abandones. La estrategia quiere que ajustes.

Mantenerte fuera de la deuda requiere una combinación de límites prácticos y cuidado emocional. Porque la deuda no solo se paga con dinero; se paga con decisiones. Y las decisiones se sostienen con un sistema que funcione cuando estás cansado. Si blindas tu entorno, si defines reglas previas y si trabajas el patrón con honestidad, las recaídas dejan de ser inevitables. Se vuelven eventos raros, señales tempranas de que necesitas ajustar tu vida, no solo tu presupuesto. Y cuando llegas ahí, recuperas lo que la deuda te cobraba cada mes sin factura: tranquilidad.

Capítulo 7 — Ingresos: deja de depender de una sola puerta

La riqueza estable no viene de un gran golpe, sino de múltiples flujos controlados. Esa idea suena ambiciosa, pero en realidad es una estrategia de calma. Depender de una sola puerta —un solo salario, un solo cliente, una sola fuente— vuelve tu vida frágil. Puede irte bien durante años y, aun así, vivir con una presión silenciosa: "si esto falla, ¿qué hago?". Esa presión te empuja a aceptar condiciones peores, a evitar conversaciones difíciles, a aguantar trabajos que ya no te sirven, a posponer decisiones personales. En cambio, cuando tienes más de una puerta, el miedo baja. No porque tengas riqueza infinita, sino porque tienes opciones. Y las opciones son una forma de libertad inmediata.

Pero antes de hablar de múltiples flujos, hay un paso que casi siempre es el más rentable: escalar tu ingreso principal sin quemarte. Mucha gente intenta crear ingresos extra por la noche, agotada, sin haber optimizado su puerta principal. Es como intentar llenar un segundo balde cuando el primero todavía tiene espacio. El ingreso principal suele ser el flujo más grande y el más predecible. Mejorarlo incluso un poco puede financiar tu colchón, tus inversiones, tu formación y, además, darte margen para construir otras puertas con calma. Si tu ingreso principal sube y tu estructura no se infla al mismo ritmo, tu vida cambia de verdad.

Este capítulo no te va a vender el mito del "hustle" eterno. No necesitas trabajar veinte horas al día para aumentar ingresos; necesitas volverte más valioso, comunicarlo con claridad y construir evidencia que te respalde. Quemarte es, en muchos casos, una consecuencia de intentar compensar con horas lo que debería resolverse con estrategia. El objetivo aquí es distinto: ganar más por el mismo tiempo o por un tiempo mejor invertido.

Eso se logra cuando pasas de ser "alguien que cumple tareas" a ser "alguien que produce resultados medibles". Y esa transición no es magia; es diseño profesional.

7.1 Escalar tu ingreso principal (sin quemarte)

Escalar tu ingreso principal empieza con una pregunta incómoda y poderosa: ¿por qué alguien pagaría más por mí? La respuesta no debería ser "porque trabajo duro" o "porque llevo años". Esas cosas ayudan, pero rara vez justifican aumentos grandes. La respuesta que cambia tu vida es una combinación de dos elementos: habilidades raras y resultados medibles. Las habilidades raras no siempre son técnicas complejas; a veces son combinaciones poco comunes. La rareza no está en saber una cosa, sino en cruzar dos o tres de forma útil. Por ejemplo, entender negocio y comunicar bien. O dominar una herramienta y traducirla en procesos que ahorran tiempo. O saber analizar datos y convertirlos en decisiones claras. O liderar equipos y, al mismo tiempo, ejecutar con precisión. En el mercado, la gente no paga por esfuerzo; paga por alivio y por impacto. Paga por alguien que reduce problemas y crea oportunidades.

Volverte valioso no significa convertirte en el mejor del mundo. Significa identificar qué parte de tu trabajo mueve la aguja y volverte consistentemente bueno ahí. Si trabajas en una empresa, la aguja suele ser ingresos, costos, velocidad, calidad, retención, satisfacción del cliente, reducción de riesgos. Si trabajas por tu cuenta, la aguja suele ser resultados para el cliente: más ventas, más eficiencia, más claridad, más conversiones, mejores procesos, mejor posicionamiento. La clave es elegir un tipo de impacto y profundizar, en lugar de dispersarte. La dispersión te da mucha actividad y poco valor percibido. La profundidad te da autoridad. Y la autoridad, en términos prácticos, se convierte en mejores condiciones.

El segundo paso es hacer esos resultados medibles. Medible no significa que todo se pueda cuantificar con exactitud, pero sí significa que puedes mostrar evidencia. Mucha gente hace un gran trabajo y, sin embargo, no sabe explicarlo con números ni con historias concretas. Eso la deja en desventaja al negociar, porque su valor queda en el aire. Medir empieza por definir indicadores simples que conecten tu trabajo con un resultado. Puede ser ahorro de tiempo, reducción de errores, aumento de conversiones, crecimiento de ingresos, mejora de retención, reducción de costos, mejora de tiempos de entrega, aumento de satisfacción. Incluso si tu rol es creativo o humano, puedes traducirlo en resultados: proyectos entregados, procesos implementados, problemas resueltos, mejoras en coordinación, reducción de fricción. Lo que no se nombra, no existe en una negociación.

Aquí entra una distinción esencial: no basta con "trabajé en X", necesitas "logré Y". "Trabajé en una campaña" suena a tarea. "Aumenté la tasa de respuesta y reduje el costo por adquisición" suena a impacto. "Participé en el lanzamiento" suena a presencia. "Implementé un flujo que redujo retrasos y mejoró la entrega" suena a resultado. Esta diferencia cambia cómo te perciben, pero también cambia cómo te percibes tú. Empiezas a actuar como alguien que produce valor, no como alguien que solo cumple.

El tercer paso es negociar con datos. Negociar no es pedir; es presentar una propuesta respaldada por evidencia. Mucha gente llega a una negociación con esperanza y nervios, y sale con un "lo veremos". Porque no llevó el caso armado. Negociar con datos significa entrar con claridad: cuál fue tu impacto, qué métricas lo muestran, qué comparables existen y cuál es tu propuesta. El impacto es lo que hiciste. Las métricas son la prueba. Los comparables son el contexto: cuánto se paga por roles similares, qué niveles existen en el mercado, qué bandas salariales o tarifas se manejan. Y la propuesta clara es el pedido concreto: un aumento específico, un ajuste de rol, una revisión de condiciones, una nueva estructura de pago.

La palabra clave aquí es "concretar". Si pides "me gustaría ganar más", abres la puerta a una conversación vaga. Si dices "quiero ajustar mi compensación a X por este nivel de impacto y responsabilidades", la conversación cambia. La claridad no garantiza un sí, pero garantiza respeto. Además, reduce la ansiedad porque tú sabes lo que estás pidiendo y por qué. La negociación se vuelve menos emocional y más profesional. Y eso te protege: no estás mendigando validación, estás proponiendo un acuerdo.

Negociar con datos también implica saber contar tu impacto sin sonar arrogante. Es un equilibrio: no minimizas ni exageras. Presentas hechos. "Antes pasaba esto, ahora pasa esto." "Estos son los resultados." "Estos son los próximos objetivos y cómo puedo contribuir." Y luego planteas tu propuesta. Cuando haces esto, facilitas la decisión del otro lado, porque no lo obligas a adivinar tu valor. Le das un mapa. Mucha gente se queda estancada años no por falta de talento, sino por falta de narrativa respaldada por evidencia.

El cuarto paso es crear un portafolio. Aunque trabajes como empleado y no como freelance, un portafolio es un activo. Portafolio no es solo una carpeta bonita; es una colección de casos, testimonios, proyectos y logros cuantificables que cuentan una historia coherente. La historia es: "sé resolver este tipo de problemas y puedo demostrarlo". Tener esa colección te da poder porque reduce dependencia. Si mañana cambias de empresa o buscas un cliente, no empiezas desde cero. Tienes pruebas.

Los casos son relatos concretos de situaciones: cuál era el problema, qué hiciste, qué resultados hubo. Los testimonios son palabras de otros que validan tu impacto, pero no necesitas elogios exagerados; necesitas credibilidad. A veces un mensaje simple de un jefe, un cliente o un colega, guardado con contexto, es oro. Los proyectos son evidencias tangibles: documentos, procesos, sistemas, presentaciones, piezas creadas, mejoras implementadas. Y los logros cuantificables son números con significado: porcentajes, tiempos, ahorros, crecimiento. No hace falta que sean perfectos; hace falta que sean honestos y relevantes.

Construir portafolio tiene un efecto psicológico adicional: te obliga a reconocer tu valor y a verlo con claridad. Eso combate un problema común: la gente se acostumbra a su propio impacto y lo da por hecho. Lo que para ti es "normal" puede ser extraordinario para el mercado. Pero si tú no lo registras, nadie lo hace por ti. El portafolio es un espejo de tu progreso profesional. Y también es una herramienta de negociación, porque convierte "confía en mí" en "mira esto".

Ahora, el punto central de este apartado es escalar sin quemarte. Para eso, necesitas evitar el error de buscar valor solo en hacer más. Hacer más puede aumentar impacto por un tiempo, pero también aumenta fatiga. La escalada sostenible ocurre cuando aumentas tu palanca: haces cosas que multiplican resultados, no cosas que solo suman tareas. Automatizas, mejoras procesos, aprendes habilidades que reducen fricción, te vuelves más claro en comunicación, priorizas lo que importa. En otras palabras, escalar no es "correr más rápido", es "cambiar la forma de moverte".

Cuando te vuelves valioso con habilidades raras, cuando conviertes tu trabajo en resultados medibles, cuando negocias con datos y cuando construyes un portafolio, sucede algo que parece simple pero es enorme: tu ingreso principal deja de depender de que alguien sea generoso. Empieza a depender de que tu valor sea evidente. Y cuando tu valor es evidente, puedes abrir puertas con menos esfuerzo, con más calma y con más dignidad.

Ese es el primer paso para dejar de depender de una sola puerta: fortalecer la que ya tienes hasta que sea sólida. Luego, con ese margen, podrás construir otras entradas sin desesperación. Y esa combinación —un flujo principal optimizado y puertas adicionales creadas con estrategia— es la base de una riqueza estable que no necesita un golpe de suerte para sostenerse.

7.2 Ingresos secundarios con estrategia

Los ingresos secundarios suenan a libertad, pero pueden convertirse en una segunda jaula si se construyen sin estrategia. Mucha gente empieza un "side hustle" con entusiasmo, y a las pocas semanas está más cansada, más dispersa y con menos paz, ganando poco por hora. No porque la idea de tener más de un flujo sea mala, sino porque elegir mal el modelo te condena a intercambiar tiempo por migajas. Si tu ingreso secundario se come tu energía y no deja margen, no te está acercando a la riqueza; te está acercando al agotamiento. La clave es simple: el ingreso secundario debe darte opciones, no quitarte vida.

Elegir con estrategia empieza por cuatro filtros: tiempo disponible, talento, demanda y barreras de entrada. El tiempo disponible es la realidad que manda. Si tienes dos horas a la semana, no puedes montar un sistema que requiera presencia diaria. Tu proyecto debe encajar con tu calendario, no con tu fantasía. El talento es lo que te hace eficiente. Talento no es "lo que amas", es aquello que haces con relativa facilidad y que otros valoran. Puede ser escribir, diseñar, organizar, enseñar, analizar, vender, editar, programar, gestionar. La demanda es el factor que te paga: si nadie necesita lo que ofreces, tu esfuerzo será un pozo. Y las barreras de entrada son tu aliada, aunque parezcan una molestia. Cuanto más fácil es entrar a un mercado, más competencia y más presión hacia precios bajos. Si eliges un área con barreras razonables —habilidad específica, reputación, confianza, un método— te será más fácil cobrar bien.

La combinación ideal es un modelo que, con poco tiempo, te permita crear valor alto y repetible. Eso te obliga a pensar como diseñador, no como trabajador extra. Pregúntate: ¿qué sé hacer que resuelve un problema caro? Un problema caro no es necesariamente un problema "lujoso"; es un problema que duele y cuesta dinero o tiempo a quien lo tiene. Puede ser falta de ventas, falta de claridad, procesos lentos, baja conversión, mala comunicación, caos de agenda, mala presencia digital, falta de seguimiento. Si resuelves un problema caro, puedes cobrar mejor y necesitar menos clientes. Menos clientes significa menos tiempo, menos fricción, más margen. Y el margen es lo que te convierte el ingreso secundario en libertad.

Aquí entran los modelos. Un servicio productizado es una de las rutas más limpias cuando tienes poco tiempo y quieres claridad. Productizar significa convertir tu servicio en un paquete con alcance definido, precio fijo y proceso repetible. No vendes "horas", vendes un resultado. Por ejemplo, una auditoría, una optimización, una implementación, una revisión, una pieza entregable. Esto reduce negociación, reduce incertidumbre y mejora tu eficiencia. Si cada cliente es un proyecto completamente distinto, te quemas. Si hay un método repetible, mejoras con cada entrega y tu tiempo rinde más.

El modelo digital, por su parte, promete escala, pero requiere paciencia. Puede ser un producto descargable, una plantilla, un mini curso, un recurso de pago, una herramienta sencilla. La ventaja es que creas una vez y vendes muchas veces. La desventaja es que al principio parece que no pasa nada. Por eso el modelo digital funciona mejor cuando ya tienes alguna audiencia o cuando tienes una estrategia clara de distribución. Si no, puedes pasar meses creando algo excelente que nadie ve. El riesgo no es el producto; es la invisibilidad.

La afiliación puede ser útil, pero también es un espejo del valor real que aportas. No es "ganar dinero por recomendar cosas", es ganar una comisión por conectar a alguien con una solución. Funciona bien cuando tienes credibilidad en un nicho y cuando recomiendas con criterio. Si lo haces por desesperación, se nota y quema tu confianza. Y la confianza es un activo más valioso que cualquier comisión.

La consultoría es poderosa cuando ya has generado resultados y puedes orientar a otros. Pero consultoría sin método se convierte en reuniones interminables. La consultoría estratégica necesita estructura: diagnóstico, plan, seguimiento, métricas. Si no, terminas vendiendo conversaciones y agotándote. La formación, por último, es un híbrido interesante: enseñas lo que sabes a quienes lo necesitan. Funciona cuando puedes traducir tu habilidad en un sistema enseñable y cuando disfrutas acompañar procesos. Pero, de nuevo, sin método, se vuelve desgaste emocional.

Sea cual sea el modelo, hay una trampa que debes evitar con obsesión: "mucho esfuerzo, poco margen". Es el trabajo mal pagado disfrazado de emprendimiento. Se manifiesta cuando aceptas tareas que consumen horas y te dejan poco, cuando compites solo por precio, cuando tu oferta es tan genérica que te comparan con cualquiera, cuando tus entregas son tan personalizadas que nunca mejoras velocidad, cuando dependes de plataformas que te presionan a bajar tarifas, o cuando tu mercado valora poco lo que haces. Si tu ingreso secundario te paga menos que tu ingreso principal por hora, y además te roba energía, estás perdiendo dos veces. La solución no es trabajar más. La solución es reposicionar: elegir un problema más caro, productizar, subir calidad, crear pruebas, encontrar un nicho, reducir fricción.

Una buena señal de salud es que tu ingreso secundario tenga un "techo móvil": que con el tiempo puedas ganar más sin aumentar proporcionalmente las horas. Si cada euro extra requiere la misma cantidad de horas extra, estás en un segundo empleo, no en un sistema. No hay nada malo en un segundo empleo temporal, pero no lo confundas con estrategia. La estrategia te lleva hacia activos. Y ahí entramos en el siguiente punto.

7.3 Mentalidad de creador: construye activos, no solo tareas

La diferencia entre alguien que solo hace tareas y alguien que crea riqueza es lo que deja detrás. Las tareas se evaporan al terminar el día. Los activos se quedan y siguen trabajando. Una mentalidad de creador no significa que tengas que ser artista o influencer. Significa que, incluso cuando trabajas, estás construyendo algo que te hace más libre en el futuro: un sistema, una marca, una audiencia, habilidades, procesos, productos. Los activos son acumulables. Las tareas son repetibles. Y lo repetible, si no se convierte en activo, termina agotándote.

Un sistema es un activo cuando convierte un resultado en un proceso repetible. Si cada vez que entregas algo lo haces desde cero, estás atado a tu energía. Si documentas, plantillas, estandarizas, automatizas, creas una ruta, tu trabajo se vuelve más ligero y más escalable. Una marca es un activo cuando hace que te busquen por confianza en lugar de perseguir clientes. No necesita ser famosa; necesita ser clara. Una audiencia es un activo cuando tienes un canal donde puedes comunicar valor de forma consistente: puede ser pequeña, pero correcta. Habilidades son activos porque aumentan tu capacidad de generar valor en cualquier contexto. Procesos son activos porque reducen errores y tiempos. Productos son activos porque separan ingreso de presencia: puedes vender sin estar siempre disponible.

Para convertir esa mentalidad en práctica, necesitas una máquina simple. No una empresa enorme, sino una secuencia que puedas sostener. Captar, convertir, entregar, retener. Captar significa atraer oportunidades: que gente correcta sepa que existes. Puede ser por contenido, por networking, por recomendaciones, por comunidades, por conversaciones, por portafolio. Convertir significa transformar interés en acuerdo: una oferta clara, un precio, un proceso, una llamada corta, un contrato simple. Entregar significa cumplir lo prometido con método: calidad, tiempos, comunicación. Retener significa que esa relación no muera después de la entrega: seguimiento, mantenimiento, nuevas etapas, testimonios, referencias, repetición.

Muchos ingresos secundarios fallan porque se saltan piezas. Hay quien capta pero no convierte, porque no sabe vender o no tiene oferta definida. Hay quien convierte pero no entrega bien, y su reputación se rompe. Hay quien entrega pero no retiene, y vive en una rueda de "buscar siempre nuevos". Una máquina simple te evita la improvisación. Y la improvisación es cara: en tiempo, en estrés y en oportunidades perdidas.

Ahora, el gran enemigo del creador es la dispersión. Querer construir todos los activos a la vez es la receta para no construir ninguno. Por eso necesitas una regla de enfoque: un activo principal por trimestre. Un trimestre es suficiente para crear algo real sin que la vida te lo destruya. Un activo principal puede ser un portafolio sólido, una oferta productizada, un sistema de seguimiento, una biblioteca de plantillas, una estrategia de contenido mínima, un producto digital pequeño, una red de contactos bien cuidada, una habilidad clave entrenada con práctica. El punto no es hacer mil cosas. El punto es acumular.

Si cada trimestre eliges un activo y lo terminas, en un año tendrás cuatro piezas que cambian tu juego. Y si lo sostienes dos años, tendrás ocho piezas. De repente, tu vida profesional ya no depende solo de tu energía diaria. Depende de lo que has construido. Eso es independencia real: no libertad instantánea, sino libertad acumulada.

La mentalidad de creador también cambia cómo interpretas el tiempo. Ya no piensas "¿cuánto gano hoy?", sino "¿qué construyo hoy que me pagará después?". Esa pregunta te saca del modo supervivencia. Te hace elegir tareas que se convierten en activos: documentar lo que haces, pedir testimonios, registrar resultados, mejorar tu proceso, crear una plantilla, escribir una guía, construir una relación. Son movimientos pequeños que, repetidos, crean una máquina.

Y esa máquina es lo que hace que múltiples flujos sean controlados en vez de caóticos. No se trata de tener diez fuentes de ingreso por ego. Se trata de tener dos o tres puertas que se sostengan sin que tú te rompas. Primero optimizas tu ingreso principal, luego construyes un ingreso secundario estratégico, y finalmente lo conviertes en activo con una máquina simple y enfoque trimestral. Así, en vez de vivir corriendo, vives construyendo. Y construir, aunque al inicio sea lento, es lo que transforma el dinero en estabilidad. Porque ya no dependes de un golpe. Dependés de un sistema que crece contigo.

Capítulo 8 — Ahorro inteligente: convertir esfuerzo en seguridad

Ahorrar no es guardar dinero: es comprar opciones futuras. Esta frase cambia la energía del ahorro. Cuando piensas en ahorrar como "guardar", suena a freno, a privación, a algo que haces contra tu deseo. Cuando lo piensas como "comprar opciones", se vuelve una inversión emocional. Porque las opciones son libertad. Son la capacidad de elegir sin pánico, de decir que no sin culpa, de moverte cuando algo deja de servir, de aprovechar una oportunidad cuando aparece. En la práctica, el ahorro es un intercambio: renuncias a una parte del placer inmediato para adquirir calma y flexibilidad. Y esa calma, cuando la tienes, transforma tu vida más de lo que imaginas.

La mayoría de la gente no falla en ahorrar por falta de inteligencia. Falla porque intenta ahorrar con fuerza de voluntad en un sistema mal diseñado. Espera a que "sobre", se propone metas gigantes, se castiga cuando no las cumple, y termina asociando el ahorro con frustración. El ahorro inteligente es lo contrario. Es pequeño, automático, progresivo y con propósito claro. No depende de tu humor. Depende de un diseño que hace que el ahorro ocurra incluso cuando estás cansado, distraído o emocional.

Este capítulo trata de convertir esfuerzo en seguridad. Y seguridad no significa miedo. Significa un suelo firme. Un suelo firme te permite asumir riesgos sanos, aprender, cambiar de trabajo, negociar mejor, emprender con calma, invertir con criterio. La ironía es que el ahorro, bien hecho, no te vuelve conservador. Te vuelve valiente, porque la valentía real necesita respaldo. Sin respaldo, lo que llamas valentía a menudo es desesperación.

También hay otra razón por la que el ahorro inteligente es fundamental: te protege de ti mismo en tus peores días. Esos días en los que te sientes abrumado y quieres soluciones rápidas. Esos días en los que una urgencia te empuja a endeudarte. Esos días en los que un golpe emocional te hace gastar para sentir alivio. Cuando tienes fondos diseñados, tu sistema absorbe el impacto. No necesitas tomar decisiones desesperadas. Y evitar decisiones desesperadas es, en sí, una forma de riqueza que se construye con silencio y constancia.

Aquí vamos a hablar de fondos esenciales, no como teoría, sino como estructura. Tres fondos, tres funciones, tres tipos de libertad. Uno te da paz ante lo inesperado. Otro te da capacidad de atacar oportunidades cuando la mayoría se paraliza. Y otro te da estabilidad para que tu vida no dependa de aguantar cualquier cosa. Cuando separas estos fondos, tu mente entiende el propósito de cada euro. Y cuando tu mente entiende el propósito, es más fácil sostener el hábito.

8.1 Fondos esenciales: paz, oportunidad y protección

El primer fondo es el de emergencia. Este es el más conocido y, aun así, el más malinterpretado. Mucha gente piensa que un fondo de emergencia es "tener mucho dinero guardado", y como la meta parece enorme, no empieza. Por eso el enfoque inteligente es por etapas: mini, estándar y sólido. No se trata de llegar rápido al final. Se trata de construir una escalera que te dé estabilidad desde el primer peldaño.

El fondo mini es una barrera inicial contra el caos. Su función no es cubrir meses enteros; su función es evitar que cualquier contratiempo pequeño te obligue a endeudarte o a romper tu plan. Es el fondo que te permite decir "esto pasó y lo puedo resolver" sin entrar en pánico. Una reparación doméstica, una consulta médica, un gasto del coche, un vuelo inesperado, un electrodoméstico que muere, una factura que no esperabas. Esas cosas ocurren. Cuando no tienes un mini fondo, cada una se convierte en una crisis. Y las crisis te empujan al crédito, a pedir dinero, a tomar decisiones apresuradas. Con un mini fondo, se vuelven eventos manejables. El mini fondo, por tanto, compra tranquilidad inmediata. Y esa tranquilidad tiene un efecto secundario: hace que el ahorro deje de sentirse abstracto. Lo sientes funcionando en la vida real.

Luego está el fondo estándar. Aquí ya no hablamos de apagar fuegos pequeños, sino de proteger tu estabilidad frente a una interrupción seria: un ingreso irregular, un mes flojo, una baja temporal, un cambio imprevisto. El estándar está para que tu vida no se rompa si el flujo se retrasa. Es la distancia entre tú y el pánico. Con un estándar, no necesitas aceptar el primer trabajo por miedo, no necesitas vender algo a la carrera, no necesitas endeudarte por sobrevivir. Te da tiempo. Y el tiempo, en decisiones financieras, es una ventaja brutal. La mayoría de decisiones malas se toman con urgencia. El estándar elimina urgencia.

El fondo sólido es el que cambia tu identidad financiera. No porque te haga rico de golpe, sino porque te hace difícil de desestabilizar. Con un fondo sólido, la vida puede ser incierta y tú sigues siendo estable. Puedes atravesar cambios con menos drama. Puedes negociar con calma. Puedes invertir en formación sin sentir que te estás jugando el alquiler. Puedes tomar decisiones con criterio en lugar de con miedo. El fondo sólido no se construye de un mes a otro, y no tiene que ser perfecto. Pero tenerlo como norte te ayuda a no confundir tranquilidad con suerte. La tranquilidad se diseña.

Lo importante de este fondo por etapas es que cada etapa cumple una función distinta y produce un beneficio psicológico tangible.

El mini te saca del ciclo de microcrisis. El estándar te saca del ciclo de urgencias grandes. El sólido te cambia la relación con el futuro. Y, al ser escalonado, evita el pensamiento de "o todo o nada" que destruye la constancia. Si hoy solo puedes construir el mini, no es poco. Es el inicio del control.

El segundo fondo es el de oportunidades. Este es el fondo que muchas personas ignoran, y por eso pierden dinero sin verlo. Las mejores oportunidades raramente aparecen cuando todo está cómodo. Suelen aparecer cuando hay incertidumbre, cuando otros dudan, cuando el mercado está nervioso, cuando hay descuentos, cuando hay espacios que se abren porque la mayoría está paralizada. Un fondo de oportunidades es un permiso para actuar cuando tu mente está clara y cuando la ocasión tiene sentido para ti. No es un fondo para apostar por emoción. Es un fondo para invertir con criterio.

Aquí es importante entender la diferencia entre oportunidad y impulso. El impulso te hace sentir que "si no lo hago ahora, lo pierdo". La oportunidad real te permite evaluar, elegir y actuar sin romper tu estabilidad. Por eso el fondo de oportunidades no debería existir si todavía no tienes tu base mínima. Primero paz, luego oportunidad. Porque si inviertes desde una base frágil, cualquier fluctuación te asusta y terminas vendiendo mal o tomando decisiones reactivas. En cambio, si tienes paz, puedes mirar una oportunidad con la cabeza fría.

Este fondo también puede usarse para oportunidades que no son inversiones financieras tradicionales. Puede ser para un curso que te aumenta ingresos, para una herramienta que te ahorra tiempo, para un viaje de networking, para un proyecto que requiere una pequeña inversión inicial. La clave es que sea una oportunidad con retorno claro o al menos probable, no una compra para sentirte productivo. El fondo de oportunidades te da una ventaja psicológica: deja de dolerte decir "sí" a algo valioso, porque ya estaba previsto. Y deja de dolerte decir "no" a cosas que no encajan, porque no necesitas perseguir cada promesa.

El tercer fondo es el de estabilidad. A veces se confunde con el de emergencia, pero su función es distinta. El fondo de estabilidad existe para evitar decisiones desesperadas y para sostener tu vida cuando necesitas ajustar sin destruirte. Hay momentos en los que no hay "emergencia" puntual, pero sí hay presión sostenida: un trabajo que te quema, una relación laboral injusta, una etapa de salud mental delicada, un negocio que necesita reestructurarse, una mudanza planificada, un cambio de rumbo. En esas transiciones, la gente suele cometer errores porque se siente atrapada. Acepta lo que sea, se queda donde no quiere por miedo, o toma decisiones abruptas sin plan. El fondo de estabilidad es el colchón que te permite transicionar con dignidad.

Este fondo es protección, pero también es poder. Poder para decir "esto no me sirve" y tener tiempo para buscar algo mejor. Poder para tomar un descanso si lo necesitas sin sentir que te estás destruyendo. Poder para invertir en una etapa de cambio sin entrar en deuda. Poder para no reaccionar con desesperación. La estabilidad no es pasividad; es base para moverte mejor. Cuando la tienes, tus decisiones se vuelven más inteligentes porque no vienen de un lugar de amenaza.

La idea de estos tres fondos es que el ahorro deje de ser un acto moral y se convierta en una estrategia de vida. Paz para lo inesperado, oportunidad para crecer, estabilidad para no vivir atrapado. Cuando separas funciones, tu mente deja de ver el ahorro como una masa amorfa que "no se toca". Lo ve como un sistema que trabaja para ti. Y esa percepción hace que el hábito sea más sostenible.

El ahorro inteligente, en última instancia, no busca que te vuelvas rígido. Busca que te vuelvas libre. Libre de la urgencia, libre del crédito como muleta, libre de decisiones tomadas con miedo. Y esa libertad empieza antes de que juntes grandes cantidades. Empieza cuando, por primera vez, ocurre algo inesperado y tú no retrocedes. Cuando aparece una oportunidad y tú no te paralizas. Cuando un cambio se acerca y tú no te percibes atrapado. Ahí entiendes, en carne propia, que ahorrar no es guardar. Es comprar futuro. Y el futuro, cuando puedes elegirlo, deja de asustar. Se vuelve un espacio de posibilidades.

8.2 Automatización: el "piloto automático" del rico

La automatización es la diferencia entre "quiero ahorrar" y "ahorro aunque no tenga ganas". Si el ahorro depende de tu estado de ánimo, es frágil. Si depende de un sistema, es inevitable. Por eso el "piloto automático" es una de las armas más silenciosas de la gente con estabilidad: no están tomando decisiones heroicas cada mes. Están dejando que sus decisiones pasadas trabajen por ellos. En un mundo lleno de estímulos, gastos imprevistos y cansancio, la automatización no es pereza; es inteligencia. Es reconocer que tu energía mental es limitada y que no quieres gastarla negociando contigo mismo cada semana.

La primera pieza del piloto automático es la distribución inmediata al cobrar. La lógica es simple: si esperas a que sobre, casi nunca sobra. Siempre aparecerá algo que se come el margen. La distribución inmediata convierte tu ingreso en un mapa, no en un charco. Un charco se mezcla; un mapa asigna. En cuanto entra el dinero, se separa en destinos claros: gastos fijos, gasto variable, ahorro, inversión y disfrute. No necesitas obsesionarte con porcentajes perfectos para empezar; necesitas el gesto y la estructura. Cuando lo haces, tu mente se calma porque entiende que cada parte tiene un lugar. Ya no estás improvisando con el total. Estás operando con compartimentos.

Los gastos fijos son tu base: vivienda, servicios, compromisos, todo lo que sostiene tu vida. El gasto variable es tu día a día: comida, transporte, pequeñas decisiones. El ahorro y la inversión son tu futuro y tu tranquilidad, separados porque cumplen funciones distintas. Y el disfrute es crucial: si no lo incluyes, tu sistema se vuelve una dieta financiera y tarde o temprano habrá atracón. El disfrute planificado evita el gasto emocional, porque te permite sentir que la vida no es solo restricción. El piloto automático funciona cuando es sostenible, y lo sostenible incluye placer consciente.

La segunda pieza es separar cuentas por propósito para evitar mezcla mental. La mezcla mental es una fuga invisible: cuando todo está en el mismo lugar, todo parece disponible. Y cuando todo parece disponible, tu mente decide desde el presente. En cambio, cuando el dinero está separado por funciones, el cerebro entiende límites sin sentirlos como castigo. La separación no es para "engañarte"; es para darle forma a tu intención. Una cuenta para gastos fijos, otra para gasto diario, otra para ahorro de paz, otra para oportunidades, o al menos una estructura mínima donde el dinero que protege tu futuro no esté en la misma puerta que el dinero que pagará tu próximo impulso.

Lo importante aquí no es la cantidad de cuentas, sino la claridad. Si tienes demasiadas, te confundes y abandonas. Si tienes una sola, se mezcla todo y el sistema se rompe. Encuentra el punto simple donde la separación te ayude en vez de darte fricción. La ventaja de la separación es que reduce decisiones. Si tu cuenta de gasto variable tiene un límite natural, ya sabes hasta dónde puedes moverte. Si tu ahorro está en otro lugar, tocarlo deja de ser automático. Y ese "dejar de ser automático" es exactamente lo que estás comprando: una pausa entre impulso y acción.

La tercera pieza son reglas simples que convierten tu plan en ley doméstica. La más útil es brutal: si no está en el sistema, no existe. Esta regla te protege de la fantasía. Puedes desear cosas, puedes imaginar compras, puedes tener ideas, pero si no pasan por tu sistema, no se ejecutan. No porque no merezcas, sino porque quieres que tu dinero obedezca un diseño, no un impulso. Esta regla es liberadora porque reduce discusiones internas. Dejas de negociar cada vez. Solo preguntas: ¿esto está contemplado? Si no, se programa, se ajusta o se descarta.

Otra regla simple es que lo automático debe revisarse, porque automatizar sin revisar crea nuevas fugas. El piloto automático no es "olvidarse", es delegar lo repetitivo y reservar tu atención para lo importante. Automatizas transferencias a ahorro e inversión, automatizas pagos para evitar penalidades, automatizas recordatorios para revisiones. Luego, en un momento fijo del mes, miras si la distribución sigue alineada con tu vida. Así el sistema se mantiene vivo sin depender de tu motivación diaria.

Hay una razón por la que la automatización se siente como "método de rico": porque crea consistencia. La riqueza no se construye con decisiones perfectas una vez; se construye con decisiones correctas repetidas miles de veces sin drama. La automatización convierte esas repeticiones en rutina. Y cuando algo es rutina, deja de doler. Simplemente ocurre.

8.3 Ahorro que no duele: recorte con intención

La mayoría de los recortes fallan porque se hacen con rabia o con miedo. Te asustas, cortas todo, te privas de lo que te da energía, y a los pocos días te sientes vacío. Entonces vuelves al gasto, y vuelves con fuerza, como quien recupera el aire después de aguantar la respiración. El ahorro que no duele es distinto: no recorta por castigo, recorta con intención. El objetivo no es sufrir menos gasto; es gastar mejor. Y gastar mejor significa proteger lo que te nutre y eliminar lo que se fue quedando por inercia.

La primera regla es recortar lo que no valoras, no lo que te da energía. Esto requiere honestidad. Hay gastos que parecen "pequeños lujos" pero en realidad te dan poco. Y hay otros que parecen prescindibles, pero te sostienen. Si recortas lo que te sostiene, tu sistema se vuelve insostenible. Por ejemplo, si recortas hábitos que te ayudan a dormir mejor, a comer mejor o a moverte, es probable que el ahorro se te vuelva caro en energía y en decisiones impulsivas. En cambio, si recortas cosas que apenas notas, el ahorro se siente como ligereza.

La pregunta que ordena todo es: ¿qué de esto realmente uso y disfruto? No "¿debería disfrutarlo?", sino "¿me aporta algo real?". A veces pagas por cosas que ya no representan tu vida: suscripciones olvidadas, servicios duplicados, compras por aburrimiento, planes sociales que te dejan drenado, comodidades que se volvieron hábito sin darte más bienestar. Esas son las piezas perfectas para recortar sin dolor. Porque no estás renunciando a algo valioso; estás eliminando ruido.

La segunda regla es sustituir hábitos caros por rituales equivalentes. No puedes quitar un hábito sin reemplazar la necesidad que cubría. Si gastas en delivery porque estás agotado, necesitas una alternativa que te dé descanso, no solo una regla que te diga "no". Si gastas en cafés fuera porque necesitas una pausa, necesitas un ritual de pausa que no dependa del gasto. Si gastas en compras pequeñas por ansiedad, necesitas una vía de regulación que te calme sin factura. El recorte con intención no pelea contra tu humanidad; la integra.

Un ritual equivalente puede ser simple y, aun así, poderoso. Prepararte algo en casa con el mismo placer sensorial, diseñar un momento de desconexión real, hacer una caminata que te baje el ruido, escuchar música completa sin pantalla, escribir para vaciar la mente, ordenar un rincón para sentir control, compartir tiempo con alguien sin que implique gasto alto. No se trata de fingir que es lo mismo; se trata de darte el beneficio que buscabas por otra vía. Y con el tiempo, esa vía nueva se vuelve tu estándar. El impulso pierde fuerza porque ya no es la única puerta hacia el bienestar.

La tercera regla es ajustar gastos fijos primero, porque ahí está el gran margen. El gasto variable es más visible y por eso la gente lo ataca primero: cafés, salidas, compras pequeñas. Pero si tus gastos fijos están inflados, estarás luchando siempre. Los gastos fijos son el esqueleto de tu vida. Si el esqueleto es pesado, cada mes se siente como cargar una mochila. Ajustar lo fijo es incómodo al inicio, porque implica decisiones grandes: renegociar, cambiar planes, cancelar servicios, revisar seguros, revisar comisiones, revisar vivienda o transporte si hace falta, simplificar estructura. Pero es el ajuste que más libera, porque lo que recortas ahí te regala margen cada mes sin esfuerzo.

Además, ajustar lo fijo reduce la necesidad de "autocontrol" diario. Si tu renta o tus compromisos te dejan sin aire, cualquier microgasto se vuelve amenaza y te sientes culpable por vivir. En cambio, si tu estructura es razonable, puedes disfrutar tu gasto variable sin drama porque tu futuro ya está protegido. Esa es la esencia del ahorro que no duele: no convertir la vida en una penitencia, sino hacer que la vida que te gusta encaje con la vida que quieres construir.

Recortar con intención también tiene un efecto emocional que no se menciona suficiente: te devuelve respeto por ti mismo. Cuando gastas por inercia, sientes que el dinero se te escapa y eso erosiona tu confianza. Cuando recortas lo que no valoras y proteges lo que sí, sientes que diriges tu vida. Y esa sensación te impulsa a sostener el hábito sin necesidad de motivación externa. Se vuelve parte de tu identidad: soy alguien que elige.

Al final, automatización y recorte con intención trabajan juntos. Automatizas para que el ahorro ocurra sin drama. Recortas con intención para que el sistema sea agradable y sostenible. Y cuando el sistema es agradable, deja de ser "un esfuerzo". Se convierte en tu normalidad. Ahí el ahorro hace lo que prometió: convierte pequeñas decisiones en seguridad real, en opciones futuras, en tranquilidad que no depende de que todo salga bien. Porque cuando tu estructura está diseñada, incluso si un mes es difícil, tu vida no retrocede. Y esa estabilidad, construida sin ruido, es el verdadero lujo.

Capítulo 9 — Inversión psicológica: vencer el miedo, el ego y la impaciencia

El mercado no te quita dinero; tus reacciones sí. Esta frase puede molestar porque parece injusta. "¿Cómo que mis reacciones? Si el precio bajó". Claro que el precio puede bajar. Claro que existe riesgo real. Pero la mayoría de las pérdidas que duelen de verdad no vienen de la fluctuación normal, sino del comportamiento humano bajo presión: vender en pánico, comprar por euforia, perseguir lo que sube tarde, generar movimientos compulsivos, cambiar de estrategia cada mes, entrar sin reglas, salir sin plan. El mercado es un entorno. Tu mente es el vehículo. Si el vehículo entra sin frenos, sin mapa y con el ego al volante, lo normal es estrellarse aunque la carretera sea buena.

Este capítulo trata de la inversión psicológica porque invertir no es solo escoger activos. Es sostener una conducta durante años. Y sostener una conducta durante años es, ante todo, un desafío emocional. La mayoría entiende el concepto de "comprar barato y vender caro", pero en la práctica hace lo contrario porque compra cuando se siente seguro —cuando todo sube— y vende cuando se siente amenazado —cuando todo cae—. Eso no es falta de inteligencia; es biología. La mente humana está diseñada para evitar dolor inmediato, y la inversión exige tolerar incomodidad temporal para obtener beneficios futuros. Ese choque explica por qué tanta gente, incluso informada, toma decisiones que sabotean su propio plan.

También está el ego. El ego quiere tener razón, quiere demostrar, quiere contar una historia heroica: "yo vi esto antes que todos". El ego te empuja a apuestas, a concentrar demasiado, a ignorar señales, a sobreestimar tu habilidad. La impaciencia, por su parte, te empuja a buscar recompensas rápidas. Te hace saltar de una estrategia a otra porque "esta no funciona", aunque no le hayas dado tiempo. Te hace mirar el precio a cada rato como si fuera un examen. El miedo te paraliza o te hace correr. Estas tres fuerzas —miedo, ego e impaciencia— son responsables de más pérdidas que cualquier comisión.

Por eso aquí no vamos a empezar con instrumentos ni con jerga. Vamos a empezar con tu perfil real. No el que te gustaría tener, ni el que dices tener cuando todo va bien, sino el que aparece cuando la pantalla se pone roja y la incertidumbre se siente en el cuerpo. Ese perfil real es el que define si tu estrategia sobrevivirá.

9.1 Perfil real: riesgo emocional vs. riesgo matemático

El primer paso para invertir con inteligencia no es preguntar "¿en qué invierto?", sino "¿qué tipo de incomodidad puedo tolerar sin sabotearme?". Aquí hay dos conceptos que la mayoría confunde: tolerancia al riesgo y tolerancia a la incertidumbre. La tolerancia al riesgo es tu capacidad de aceptar que el valor de una inversión fluctúe y que exista la posibilidad de pérdida en el corto plazo. La tolerancia a la incertidumbre es tu capacidad de vivir sin respuestas claras, sin control inmediato, sin garantía, sin saber exactamente cuándo se verá el resultado. Puedes tener alta tolerancia al riesgo matemático y baja tolerancia a la incertidumbre emocional, o al revés. Y esa combinación cambia por completo qué estrategia podrás sostener.

Hay personas que dicen "yo aguanto riesgo", pero lo que en realidad aguantan es la idea del riesgo en un día tranquilo. Cuando llega la incertidumbre real, cuando aparecen noticias, cuando el mercado se mueve fuerte, su sistema nervioso se activa. No duermen bien, revisan precios compulsivamente, imaginan escenarios catastróficos, sienten vergüenza por "haber sido tontos". En ese estado, el riesgo matemático se convierte en riesgo emocional. Y el riesgo emocional suele ganar porque el cuerpo quiere alivio. El alivio más rápido es vender o salir. Y vender en el peor momento convierte una fluctuación temporal en una pérdida definitiva.

También existe el caso opuesto: personas que toleran incertidumbre pero se exponen a riesgos matemáticos que no entienden. No les asusta no saber, les emociona. Se sienten cómodos en la niebla y, por eso, pueden caer en apuestas demasiado volátiles creyendo que "ya se verá". Ahí el peligro no es el pánico, es la imprudencia. La mente confunde calma con competencia. Pero estar tranquilo no significa que el riesgo esté bien medido. Puedes ser sereno y aun así estar mal posicionado.

Tu perfil real se descubre con preguntas concretas, no con etiquetas. ¿Qué haces cuando algo baja un 10%? ¿Dejas de mirar o miras más? ¿Sientes curiosidad o vergüenza? ¿Te entran ganas de "arreglar" la situación con movimientos rápidos? ¿Te tienta promediar sin criterio? ¿Te vuelves rígido y dices "no venderé jamás" aunque el plan haya cambiado? ¿Qué haces cuando algo sube rápido? ¿Te entra FOMO, esa urgencia de entrar porque "me lo estoy perdiendo"? ¿Te imaginas ganancias futuras como si ya fueran tuyas? ¿Te sientes más inteligente de lo que eras ayer? Estas reacciones son tu termómetro. No te juzgan. Te informan.

La segunda pieza esencial es definir reglas antes de invertir. Antes significa antes de que haya emoción. Porque cuando hay emoción, la regla se vuelve negociable. Las reglas son tu contrato contigo. Y un contrato sirve precisamente para que el "yo del momento" no destruya el plan del "yo del futuro". Definir reglas implica decidir con calma cuándo compras, cuándo vendes y cuándo rebalanceas. No como una fórmula rígida, sino como un marco que reduce la improvisación.

Una regla de compra puede ser tan simple como invertir de forma periódica, o invertir solo cuando se cumplen ciertas condiciones que tú mismo definiste. El punto es evitar comprar por impulso o por titulares. Una regla de venta debe existir incluso si tu estrategia es de largo plazo. Porque "nunca vender" no es una estrategia; es un eslogan. Necesitas criterios para escenarios donde el plan cambia: si el motivo por el que compraste desapareció, si el riesgo se vuelve distinto al que aceptaste, si tu vida requiere liquidez por una razón legítima, o si hay un rebalanceo planificado. Vender por miedo no es criterio. Vender por un cambio real en el marco sí puede serlo. El rebalanceo, por su parte, es el acto de devolver tu cartera a sus proporciones objetivo, para que el riesgo matemático no se dispare sin que lo notes. Si algo sube mucho, ocupa más espacio y aumenta tu exposición. Rebalancear es decir: "no voy a dejar que la euforia defina mi riesgo". Es una forma de disciplina sin drama.

Cuando defines estas reglas, haces algo que suena humilde pero es poderoso: aceptas que tú mismo eres el mayor riesgo. No el mercado. Tú. Y al aceptarlo, te proteges. Porque dejas de confiar en tu autocontrol en momentos de turbulencia y empiezas a confiar en un sistema. El sistema no se asusta. El sistema no se compara. El sistema no lee titulares con el corazón acelerado.

La tercera pieza es evitar decisiones por titulares, amigos o ansiedad. Los titulares son máquinas de emoción. Están diseñados para captar atención, no para ayudarte a invertir mejor. Un titular te ofrece un relato en dos líneas y tu mente lo convierte en urgencia. "Se desploma", "se dispara", "crisis", "nuevo récord". Si tú reaccionas a eso, no estás invirtiendo; estás haciendo gestión emocional con dinero. Los amigos también pueden empujarte a malas decisiones, no por mala intención, sino porque su experiencia no es tu perfil. Ellos toleran algo que tú no toleras, o al revés. Además, es fácil contar historias de éxito y difícil contar los errores. Por eso el consejo de pasillo suele ser un mapa incompleto. Y la ansiedad, por último, es el peor asesor. La ansiedad te pide acción, aunque la mejor acción sea no hacer nada.

Evitar estas decisiones no significa vivir desconectado. Significa crear una distancia saludable entre información y acción. Si tú quieres informarte, perfecto, pero la información no debe dictar el movimiento. Tus reglas dictan el movimiento. La información solo alimenta tu comprensión, no tu impulsividad. Esa es una diferencia crucial. Cuando inviertes según titulares, estás entregando tu plan a la agenda emocional de otros. Cuando inviertes según reglas, estás construyendo independencia.

Esto conecta con la idea central del capítulo: la inversión es, sobre todo, gestión de reacción. Si tu perfil real tiene baja tolerancia a la incertidumbre, necesitas una estrategia y un ritmo que te permitan dormir. Porque dormir es más importante que ganar un punto extra de retorno si ese punto te lleva al pánico y te hace vender mal. Si tu perfil real tiende al ego, necesitas límites que te impidan concentrar demasiado o perseguir "la gran apuesta". Si tu perfil real tiende a la impaciencia, necesitas mecanismos que te hagan ver el progreso sin obsesión: revisiones espaciadas, automatización, métricas adecuadas. El objetivo no es eliminar emociones; es diseñar un marco donde tus emociones no manden.

Tu perfil real, entonces, no es una etiqueta. Es una herramienta. Te dice qué tipo de riesgo puedes asumir sin romperte y qué tipo de incertidumbre puedes tolerar sin sabotearte. Y esa verdad vale más que cualquier recomendación externa. Porque, al final, la mejor estrategia es la que puedes sostener cuando el mercado hace lo que siempre hará: moverse. Si tú puedes sostenerte, el mercado deja de ser una amenaza constante y se convierte en lo que es: un entorno con fluctuaciones donde, con tiempo y sistema, tu dinero puede trabajar sin que tus reacciones lo destruyan.

9.2 Errores típicos del inversor humano

El inversor humano no falla por falta de información; falla por exceso de estímulo y por mala interpretación de lo que siente. Invertir parece un juego de números, pero en realidad es un juego de narrativa. Te cuentas historias sobre lo que está pasando, sobre lo que va a pasar, sobre lo que "deberías" estar haciendo. Y cuando tu historia se acelera, tu dedo también. Por eso los errores más comunes no son técnicos. Son psicológicos. Se repiten una y otra vez porque el cerebro busca seguridad y reconocimiento, y el mercado ofrece justamente lo contrario: incertidumbre y resultados desiguales.

El primer error típico es perseguir modas. Las modas son seductoras porque vienen con validación social. Si "todo el mundo" habla de algo, tu mente interpreta que hay una verdad obvia y que tú llegas tarde. Empieza la urgencia: "si no entro ahora, me lo pierdo". Esa sensación es poderosa, porque no solo promete ganancia; promete pertenencia. Te conviertes en parte de la conversación. Te da una excusa para sentirte inteligente. Y ahí está la trampa: cuando algo es moda, normalmente ya pasó una parte del movimiento que generó el entusiasmo. No siempre, pero muchas veces. El precio subió, las historias se multiplicaron, los gráficos se compartieron, y tú llegas cuando el riesgo ya es alto, aunque no lo parezca.

Perseguir modas tiene un patrón casi fijo. Primero escuchas algo repetido: en redes, en amigos, en noticias. Luego ves que sube y sientes una mezcla de emoción y vergüenza por no haber entrado antes. Esa vergüenza se convierte en impulso: compras tarde, pero te convences de que "todavía queda". Después viene la fase más dura: la volatilidad. Como entraste con expectativa alta, cualquier corrección se siente como amenaza. Empiezas a mirar el precio más de lo normal. Aparece la duda. Luego llega un retroceso fuerte o una noticia negativa, y tu sistema nervioso interpreta peligro. Y entonces ocurre lo que parece irracional pero es completamente humano: sales por pánico, justo cuando el precio está peor. Te quedas con la pérdida y con la sensación de haber sido engañado. Pero no te engañó el mercado. Te engañó la secuencia emocional que te hizo entrar por pertenencia y salir por miedo.

Este error no se resuelve con "ser más listo". Se resuelve con humildad y con reglas. Humildad para aceptar que si algo ya está en boca de todos, puede que el riesgo ya esté incorporado. Y reglas para no comprar por urgencia social. La moda te pide velocidad. Tú necesitas pausa.

El segundo error típico es el ego de "adivinar". Este es más peligroso porque se siente como habilidad. Adivinar significa intentar anticipar movimientos de corto plazo, creer que puedes leer el mercado como si fuera un rompecabezas que se resuelve con intuición o con dos indicadores. A veces sale bien, y ahí nace el veneno: confundir suerte con habilidad. El mercado, de vez en cuando, recompensa cualquier cosa. Puedes entrar por casualidad y ganar, y tu mente lo interpreta como señal de talento. Eso inflama el ego. El ego empieza a pedir apuestas más grandes, más frecuencia, más riesgo. Y cuando llega una pérdida, en lugar de ajustar, el ego puede doblar la apuesta para "recuperar" y demostrar que tenía razón. Ese es el camino más corto hacia decisiones destructivas.

Confundir suerte con habilidad también ocurre cuando te comparas. Ves a alguien que ganó mucho con una apuesta concentrada y piensas que tú también puedes, que solo necesitas encontrar "la jugada". Esa mentalidad convierte la inversión en casino emocional. Y el casino emocional tiene dos finales comunes: o pierdes dinero, o ganas y te vuelves adicto a la sensación. En ambos casos, el sistema se rompe, porque dependes del golpe, no de la consistencia.

La habilidad real en inversión suele ser aburrida. Es gestión de riesgo, disciplina, horizonte, control de exposición, paciencia. No se ve heroica. No da historias épicas en cenas. Pero funciona. El ego, en cambio, quiere épica. Por eso es tan fácil caer en la idea de que el objetivo es "ganarle" al mercado, adivinar techos y pisos, entrar y salir con precisión. La mayoría de las veces, eso no termina en riqueza estable. Termina en cansancio, comisiones, errores y ansiedad.

El tercer error típico es la falta de horizonte. Es querer resultados de diez años en tres meses. Este error no viene solo de codicia; viene de una cultura que premia lo inmediato. Te acostumbras a ver resultados rápidos en otras áreas: compras algo y llega en un día, publicas algo y recibes reacción, haces una tarea y cierras un pendiente. La inversión no funciona así. La inversión recompensa el tiempo, no la intensidad. Y cuando tú entras con mentalidad de sprint, interpretas la falta de resultados rápidos como fallo. Te frustras, cambias de estrategia, saltas a otro instrumento, vuelves a perseguir modas, y así nunca permites que el tiempo haga su trabajo.

La falta de horizonte también se nota en cómo interpretas el riesgo. Si tu horizonte real es corto, cualquier bajada se siente existencial. Si tu horizonte es largo, las bajadas se convierten en parte del paisaje. No es que dejen de doler, pero dejan de dictar tus decisiones. Querer resultados rápidos te vuelve vulnerable a promesas fáciles y a productos que se venden como atajos. Y esos atajos suelen tener costos ocultos: comisiones altas, riesgos no entendidos, dependencia emocional. El inversor sin horizonte vive en tensión porque espera que el mercado confirme su decisión pronto. Y el mercado no está para confirmar nada. Está para moverse.

9.3 Sistema: consistencia > intensidad

Si los errores típicos nacen de impulsos, el antídoto es un sistema. Un sistema te permite invertir como quien entrena una habilidad, no como quien juega una partida. Y el corazón del sistema es esta idea: consistencia es más importante que intensidad. Intensidad es invertir mucho cuando estás motivado. Consistencia es invertir de forma sostenida incluso cuando no te apetece. La intensidad produce historias. La consistencia produce resultados.

La primera pieza del sistema son los aportes periódicos. Aportar de forma periódica reduce el drama del "timing", esa obsesión por entrar en el mejor momento. El timing perfecto es una fantasía que, perseguida, paraliza o impulsa a errores. Con aportes periódicos, haces lo que la mente odia y el patrimonio ama: repetición. Cuando el precio está alto, compras menos cantidad. Cuando el precio está bajo, compras más con el mismo aporte. No porque seas un genio, sino porque el método lo hace por ti. Y lo más importante: te quita el peso emocional de decidir cada vez. No estás adivinando. Estás construyendo.

Los aportes periódicos también te protegen del ego, porque tu estrategia no depende de tu capacidad de anticipar. Depende de tu capacidad de sostener. Y sostener es una habilidad más realista. Además, este método te obliga a vivir con una verdad: habrá momentos en que compres justo antes de una bajada. Y está bien. Porque tu horizonte no es ese día. Tu horizonte es el tiempo acumulado. La inversión consistente convierte la volatilidad en un factor gestionable, no en un drama personal.

La segunda pieza es diversificación y simplicidad. Mucha gente confunde diversificar con tener muchas cosas. Termina con una cartera llena de instrumentos que no entiende, comprados por recomendaciones sueltas, y cree que eso es "ser sofisticado". En realidad, la sofisticación no es variedad; es claridad. Diversificar significa no depender de una sola apuesta, pero no requiere un zoológico de productos. La simplicidad es tu aliada porque reduce errores. Cuantas más piezas, más decisiones, más oportunidades de sabotaje, más tentación de mover cosas por emoción.

La diversificación y la simplicidad funcionan juntas como un cinturón de seguridad. Diversificas para que un evento específico no destruya tu plan. Simplificas para que tu mente no se pierda en detalles y no convierta la inversión en un entretenimiento diario. Menos instrumentos y más disciplina suele ganar en el mundo real, porque el mundo real incluye cansancio, distracciones y emociones. Una estrategia simple es más fácil de sostener. Y lo que se sostiene, se acumula.

La tercera pieza es la revisión estructurada. La mayoría de los malos movimientos nacen de mirar demasiado seguido. Si revisas tu cartera a diario, estás alimentando tu sistema nervioso con microimpactos. Un día sube y te sientes brillante. Otro día baja y te sientes tonto. Ese vaivén emocional te empuja a hacer "algo", aunque lo mejor sea no hacer nada. La revisión estructurada corta ese ciclo. Estableces un calendario fijo para ajustar, no impulsos diarios para reaccionar.

Revisar con calendario significa que decides de antemano cuándo miras, qué miras y qué decisiones están permitidas. Miras si tu distribución se desvió demasiado y si toca rebalancear. Miras si tu aportación sigue siendo viable. Miras si tus objetivos cambiaron. Miras si tu perfil de riesgo sigue igual. Pero no usas la revisión para perseguir noticias o para "corregir" emociones. La revisión es mantenimiento, no terapia de ansiedad.

Un sistema bien diseñado también incluye una regla silenciosa: no tomes decisiones importantes con el corazón acelerado. Si una noticia te activa, si un amigo te presiona, si sientes urgencia, ahí mismo sabes que no es el momento de actuar. No porque la noticia sea falsa, sino porque tu estado mental no es el adecuado.

La inversión te exige decisiones desde la calma. Y la calma se protege con estructura.

Consistencia sobre intensidad es, al final, una forma de madurez financiera. Es aceptar que la riqueza estable no se construye con movimientos espectaculares, sino con hábitos sostenidos. Los errores típicos del inversor humano no desaparecen porque te lo propongas; desaparecen porque el sistema los vuelve difíciles. En vez de depender de tu fuerza de voluntad, dependes de un diseño que limita impulsos y amplifica el tiempo. Y cuando el tiempo trabaja a tu favor, el mercado deja de ser un enemigo emocional. Se vuelve un entorno donde tu dinero crece mientras tú vives, sin tener que demostrar nada, sin tener que adivinar, y sin tener que correr.

Capítulo 10 — Tu plan maestro: el sistema de riqueza personal (90 días)

La libertad financiera es un sistema, no una meta inspiradora. Las metas inspiran, sí, pero también se vuelven pósters en la pared si no se traducen en rutina. Un sistema, en cambio, no depende de tu entusiasmo. Un sistema funciona cuando estás cansado, cuando la vida se complica, cuando el mes trae sorpresas, cuando tu ánimo no acompaña. Por eso este capítulo es el punto de unión: no es "un último empujón", es la construcción de tu mecanismo personal. En noventa días no vas a convertirte mágicamente en alguien distinto. Pero sí puedes construir una estructura que te cambie la trayectoria, porque noventa días son suficientes para pasar de la intención al hábito, de la confusión a la claridad, de la improvisación a un plan repetible.

Un plan maestro no significa tenerlo todo resuelto. Significa saber qué hacer, en qué orden, con qué métricas mínimas y con qué reglas cuando te sientas tentado a sabotearte. El sistema de riqueza personal es, en esencia, un conjunto de decisiones pequeñas alineadas con un norte. Cuando no hay norte, cualquier gasto parece razonable, cualquier deuda parece necesaria, cualquier oportunidad te distrae. Cuando hay norte, tu dinero deja de ser un río que se desborda y se vuelve un canal: fluye hacia lo que importa.

El problema de la mayoría de los planes financieros es que empiezan por la disciplina y terminan en culpa. Se basan en suponer que "a partir de ahora" serás constante sin estructura, que no habrá semanas malas, que no te activarán disparadores, que no te compararán, que no te cansarás. Ese enfoque fracasa no porque seas débil, sino porque no contempla la vida real. El sistema de 90 días está diseñado para lo contrario: para tus semanas normales, para tus días caóticos, para tus emociones. No pretende eliminar tu humanidad; pretende encauzarla.

Y antes de construir, hay que ver. La libertad no se diseña desde la fantasía, se diseña desde el diagnóstico. Un diagnóstico no es una confesión moral; es un mapa. Cuando tienes mapa, puedes elegir rutas. Cuando no lo tienes, repites patrones. Por eso este capítulo empieza con la parte más incómoda y más poderosa: mirar dónde estás de verdad, con honestidad suficiente para actuar y con compasión suficiente para no rendirte.

10.1 Diagnóstico total: dónde estás de verdad

Un diagnóstico total es una fotografía completa, sin maquillaje y sin dramatismo. La frase "sin dramatismo" importa, porque muchas personas se acercan a sus números como si fueran un juicio sobre su valor. No lo son. Son datos. Los datos no te insultan. Los datos te informan. Tu objetivo aquí no es sentirte bien mirando números, sino sentirte libre después de mirarlos. La libertad empieza cuando la realidad deja de estar en sombras.

El primer paso del diagnóstico es construir tu mapa. Un mapa financiero básico tiene seis elementos: ingresos, gastos fijos, gastos variables, deudas, patrimonio y fugas. Ingresos significa todo lo que entra, no solo tu salario principal. Incluye pagos irregulares, comisiones, bonos, trabajos extra, cualquier flujo. Si no lo incluyes, subestimas tu capacidad real o, peor, no entiendes por qué tus meses son inestables. Gastos fijos son los compromisos que se repiten: vivienda, servicios, suscripciones, seguros, cuotas, pagos que salen aunque no tengas ganas. Gastos variables son lo que cambia según tu vida: comida, transporte, ocio, compras pequeñas, conveniencia, regalos. Deudas son todo lo que debes con condiciones: montos, tasas, pagos mínimos, fechas. Patrimonio es lo que tienes, aunque sea poco: ahorro, inversiones, activos, incluso herramientas o bienes que mantienen valor. Fugas son los drenajes silenciosos: comisiones, duplicados, pagos olvidados, impulsos repetidos, "peajes" que pagas por desorden o por urgencia.

La clave del mapa es que esté en un solo lugar. La fragmentación es enemiga de la claridad. Si tu información está dispersa, tu mente no puede ver el patrón completo y entonces toma decisiones a ciegas. Cuando juntas todo, aparece una verdad que puede doler pero que es liberadora: la mayoría de tus resultados viene de estructura, no de suerte. Y si viene de estructura, se puede ajustar.

En este mapa hay un detalle esencial: no basta con anotar números; necesitas entender el ritmo. No es lo mismo un gasto fijo que llega el día tres que uno que llega el día veintiocho, porque cambia cómo se siente tu mes. No es lo mismo un ingreso estable que uno irregular, porque cambia cuánta paz necesitas. No es lo mismo una deuda con interés alto que una deuda con interés bajo, porque una te drena rápido y la otra te da margen. El diagnóstico total mira la mecánica, no solo el total. La mecánica te dice dónde intervenir con el mínimo esfuerzo.

Una vez que el mapa está claro, viene la parte que transforma el diagnóstico en acción: identificar puntos palanca. Los puntos palanca son cambios pequeños o medianos que generan impacto grande. La mayoría de las personas se agota intentando arreglar veinte cosas a la vez. Eso se siente productivo, pero suele terminar en abandono. Un sistema de 90 días necesita foco. Por eso eliges tres cambios con máximo impacto. Solo tres. No porque no haya más, sino porque la fuerza está en la ejecución.

¿Cómo se reconocen puntos palanca? Son los lugares donde una modificación cambia tu estructura mensual o reduce una fuga constante. Por ejemplo, un gasto fijo que está inflado, una suscripción duplicada que se multiplicó, un pago de deuda con tasa alta que te drena, una renegociación que baja tu costo base, una automatización que evita penalidades, una decisión de estilo de vida que recupera margen sin quitarte energía, una regla que detiene compras impulsivas que se repiten. Un punto palanca también puede ser un aumento de ingreso con alta probabilidad: una negociación pendiente, un ajuste de precios, un proyecto que puedes cerrar si creas un portafolio, un servicio productizado, una habilidad que te permite cobrar más. La palanca no siempre es recortar; a veces es elevar tu valor.

El criterio para escoger tres palancas no es solo matemático. Es también emocional. Deben ser palancas que puedas sostener. Si eliges una palanca que requiere un nivel de disciplina que no tienes hoy, el plan se rompe. Si eliges una palanca que te quita lo que te da energía, el plan se vuelve castigo. Si eliges palancas demasiado complejas, te abrumas. Las mejores palancas tienen una característica: una vez implementadas, siguen funcionando con poco mantenimiento. No dependen de tu motivación diaria. Dependen de un ajuste estructural.

Ahora viene la parte más importante del diagnóstico, porque sin esto todo lo demás se convierte en técnica vacía: definir tu norte. Tu norte es la definición personal de riqueza. No la que te vendieron, no la que admiran en redes, no la que tu familia espera. La tuya. Para algunas personas, riqueza es tiempo: poder elegir horarios, trabajar menos, estar con sus hijos, viajar sin estrés. Para otras, riqueza es paz: dormir sin preocupación, no vivir al borde, tener un colchón que absorba impactos. Para otras, riqueza es autonomía: no depender de una empresa, poder decir no, tener múltiples puertas. Para otras, riqueza es familia: apoyar a los suyos sin romperse, crear estabilidad generacional, cuidar a quienes aman. Y muchas veces es una mezcla.

Definir tu norte no es un ejercicio filosófico; es un filtro de decisiones. Cuando sabes qué significa riqueza para ti, puedes evaluar gastos y compromisos con una pregunta simple: ¿esto compra mi norte o lo encarece? Hay gastos que parecen lógicos pero te roban tiempo. Hay decisiones que parecen exitosas pero te quitan paz. Hay compras que te dan estatus pero reducen autonomía. Y hay recortes que te dan margen pero te quitan energía. Sin norte, no puedes distinguir. Con norte, la respuesta se vuelve evidente.

También hay un elemento de verdad incómoda: a veces tu norte no coincide con tu estilo de vida actual. Y ahí nace la tensión. No se resuelve con culpa ni con negación. Se resuelve con alineación gradual. El plan de 90 días no te pide que cambies toda tu vida mañana. Te pide que empieces a mover cada decisión hacia tu norte, con pasos que puedas sostener. Esa es la esencia de un sistema: no depende de grandes promesas, depende de pequeñas alineaciones repetidas.

El diagnóstico total, entonces, es el momento donde dejas de contar historias y empiezas a trabajar con realidad. Mapa completo para ver tu mecánica. Tres puntos palanca para enfocar energía. Norte claro para filtrar decisiones. Si haces esto con honestidad y sin dramatismo, sucede algo poderoso: por primera vez, tu dinero deja de sentirse como una fuerza externa. Se convierte en un sistema que puedes dirigir. Y cuando puedes dirigir, aunque sea poco al principio, aparece una sensación nueva: la libertad financiera deja de ser un sueño lejano y se vuelve una práctica diaria. En noventa días, esa práctica puede convertirse en hábito. Y un hábito, sostenido, puede cambiar una década.

10.2 Diseño del sistema: reglas simples que te protegen

Un sistema financiero personal no se sostiene con motivación, se sostiene con reglas. Las reglas no son una cárcel; son un acuerdo contigo para que tu "yo del futuro" no pague las decisiones impulsivas del "yo del presente". Cuando diseñas un sistema, estás aceptando una verdad que ya viste en capítulos anteriores: el dinero se pierde más por reacciones que por falta de conocimiento. Por eso el diseño debe anticipar tus semanas cansadas, tus momentos de comparación, tus días de ansiedad, tus urgencias. El sistema no está para cuando estás perfecto; está para cuando estás humano.

Aquí entra el concepto de tu constitución financiera. Una constitución es un conjunto de principios simples que gobiernan tus decisiones cuando la vida se vuelve ruidosa. No necesitas que sea sofisticada, necesitas que sea clara. Diez reglas personales bien elegidas valen más que cien consejos sueltos, porque se convierten en tu idioma interno. Y para que funcione, esa constitución debe cubrir cuatro áreas: compras, deuda, ahorro e inversión. No en teoría, sino en conducta.

En compras, una regla puede ser que ninguna compra no planificada ocurre el mismo día que aparece el impulso. Esa pausa rompe el ciclo de urgencia. Otra puede ser que las compras grandes requieren dos "sí": el del deseo y el de la revisión al día siguiente. Otra puede ser que si algo no cabe en tu presupuesto de disfrute, no se discute; se programa. Estas reglas no te quitan placer, te quitan arrepentimiento. También te protegen de la trampa de la "pequeña excepción", porque las excepciones, repetidas, construyen tu vida.

En deuda, una regla puede ser que el crédito no se usa para sostener estilo de vida. Si se usa, debe existir plan de salida y razón concreta. Otra puede ser que nunca se paga solo el mínimo cuando hay margen para atacar la tasa más alta. Otra puede ser que no se abre una nueva cuota sin revisar el costo total y sin confirmar que no compromete tu paz. La deuda es rápida para entrar y lenta para salir; las reglas evitan que tu futuro se vuelva prisionero de tu presente.

En ahorro, una regla central es que el ahorro ocurre primero, no al final. Incluso si es pequeño. Otra regla es que cada ingreso extra tiene un destino acordado: una parte para paz, una parte para oportunidad, una parte para disfrute consciente. Esto evita el patrón de inflar gastos cuando sube el ingreso. También puedes tener una regla de "mini-fondo intocable" para que lo inesperado no te empuje al crédito. El ahorro, bien diseñado, es un seguro emocional: reduce la necesidad de decisiones desesperadas.

En inversión, las reglas son aún más importantes porque la volatilidad te provoca. Una regla puede ser invertir de forma periódica para evitar el drama del timing. Otra puede ser que no se compra por titulares ni por recomendaciones calientes. Otra puede ser que las revisiones de cartera ocurren en un calendario fijo y que el rebalanceo se hace por regla, no por pánico. Estas reglas convierten la inversión en un proceso, no en una montaña rusa. Y lo más interesante: cuando tu inversión es un proceso, tu mente se tranquiliza. Dejas de "sentir" cada movimiento como si fuera un veredicto sobre ti.

Tu constitución financiera no necesita escribirse en un documento perfecto, pero sí necesita existir de forma tangible. Escribirla importa porque, cuando la vida te aprieta, la memoria negocia. Lo escrito te devuelve firmeza. Además, al escribir, te haces una pregunta poderosa: "¿Qué reglas me habrían salvado de mis errores pasados?". Esa pregunta convierte tu historia en diseño. Dejas de culparte y empiezas a construir protecciones.

El segundo elemento del diseño es el calendario de dinero. Sin calendario, el dinero se convierte en ruido diario. Con calendario, se convierte en mantenimiento. Un calendario simple de semana, mes y trimestre reduce estrés porque define cuándo piensas en dinero y cuándo no. La revisión semanal es breve y sirve para ver el pulso: qué pagaste, qué aprendiste, qué ajustarás. No es un tribunal; es un tablero. La revisión mensual sirve para tocar estructura: categorías, suscripciones, decisiones grandes, renegociaciones, ajustes de hábitos. Es donde limpias fugas y vuelves a alinear el sistema. La revisión trimestral es estratégica: objetivos, ingreso, avance de deuda o inversión, construcción de activos, decisiones grandes de vida. Es el momento de mirar tu norte y preguntar si tu estructura lo está comprando o lo está encareciendo.

Cuando tienes calendario, ocurre un cambio sutil: el dinero deja de invadir tu mente todos los días. Tu mente deja de sentir que siempre hay algo pendiente. Sabes que hay un momento para mirar, ajustar y decidir. Fuera de ese momento, vives. Eso es parte de la libertad financiera: que el dinero sea herramienta, no obsesión.

El tercer elemento son las barreras inteligentes. La palabra "barrera" suena dura, pero aquí significa ingeniería de conducta. Pones fricción contra impulsos y pones conveniencia para objetivos. Si gastar es fácil y ahorrar es difícil, tu sistema fallará aunque tengas buenas intenciones. Si ahorrar es fácil y gastar impulsivamente es incómodo, tu sistema funciona casi solo.

La fricción contra impulsos puede ser tan simple como separar cuentas, quitar métodos de pago guardados, imponer tiempos de espera, limitar tarjetas, o establecer límites de gasto por categoría. La conveniencia para objetivos implica automatizar transferencias, programar aportes, configurar pagos, preparar plantillas, dejar listo el camino hacia lo que quieres. En otras palabras, haces que la decisión correcta tenga menos fricción que la decisión impulsiva. Esa es la diferencia entre disciplina y diseño. La disciplina te exige pelearte contigo. El diseño te permite ganar sin pelear.

10.3 Ejecución 90 días: del cambio al hábito

Diseñar un sistema es valioso, pero su poder real aparece cuando lo ejecutas. Y la ejecución no se sostiene con un gran empujón inicial; se sostiene con sprints que convierten acciones en rutina. Noventa días funcionan porque son un periodo suficientemente corto para mantener enfoque y suficientemente largo para que el hábito se instale. El error común es intentar arreglar todo en la primera semana. El sistema de 90 días hace lo contrario: prioriza secuencia. Primero ordenas y eliminas fugas. Luego automatizas y atacas deuda o construyes inversión. Después, aumentas ingreso, construyes activos y consolidás. Ese orden te protege de querer correr sin suelo.

El primer sprint es eliminación de fugas, orden básico y mini-fondo. Aquí lo importante no es la sofisticación. Es crear oxígeno. El oxígeno viene de recuperar margen rápido: suscripciones, comisiones, duplicados, gastos recurrentes olvidados, "peajes invisibles". Al mismo tiempo, construyes orden básico: una lista clara de gastos fijos, una estructura mínima de cuentas o categorías, y un calendario de revisión semanal. Este sprint también incluye el mini-fondo, porque sin él cualquier imprevisto te puede tirar atrás. El mini-fondo no busca ser grande; busca ser un amortiguador. Es tu primera barrera contra la recaída. En este sprint, el progreso se siente porque el caos baja. Y cuando baja el caos, puedes pensar.

El segundo sprint es el plan de deuda o inversión y la automatización. Aquí eliges tu prioridad según tu realidad: si la deuda es una carga emocional o una fuga de intereses, atacas con método. Si la deuda está controlada y tu base de paz existe, empiezas a invertir de forma sistemática. Lo esencial es que haya un plan concreto, no una intención. Y este sprint se apoya en automatización para que el plan no dependa de tu voluntad. Configuras pagos, transferencias, aportes, recordatorios. Le quitas a tu cerebro la necesidad de decidir lo mismo cada mes. También refuerzas barreras: reglas claras para no crear nueva deuda, límites para evitar impulsos, y revisiones estructuradas para no reaccionar a cada emoción. En este sprint, el progreso se siente porque tu sistema empieza a funcionar sin que estés empujando todo el tiempo.

El tercer sprint es subida de ingreso, activos y revisión y consolidación. Este sprint es el que muchas personas intentan hacer primero, pero hacerlo tercero es más inteligente porque ahora tienes base. Con base, cualquier aumento de ingreso se convierte en avance real, no en inflación del estilo de vida. Aquí trabajas una palanca de ingreso: negociar con datos, mejorar tu portafolio, productizar un servicio, cerrar una oportunidad, ajustar precios, fortalecer una habilidad con retorno. Al mismo tiempo, empiezas a construir un activo: un proceso, una oferta clara, un portafolio visible, un canal de captación, una plantilla, algo que te pague más de una vez. Y al final del sprint, haces revisión y consolidación: miras qué reglas funcionaron, dónde te falló el sistema, qué fricciones necesitas aumentar, qué automatizaciones necesitan ajustes, qué gastos fijos pueden optimizarse más, qué metas deben recalibrarse.

Este sprint es clave porque transforma el sistema en identidad. Dejas de ser alguien "intentando" mejorar y te conviertes en alguien que opera con reglas. El dinero deja de ser un tema que te persigue y se vuelve un lenguaje que dominas. La consolidación no es una celebración vacía; es un cierre inteligente. Reconoces avances concretos, integras lo aprendido, y reduces la probabilidad de recaída porque el sistema ya está encajado en tu vida.

Lo más importante de los 90 días es entender que el objetivo no es una cifra exacta en una cuenta. El objetivo es que tu comportamiento sea más fuerte que tus emociones del momento. Que tus reglas te sostengan cuando estés cansado. Que tus barreras te protejan cuando estés tentado. Que tu calendario te devuelva calma cuando la incertidumbre suba. Que tu mini-fondo absorba lo inesperado. Que tu automatización haga el trabajo aburrido. Que tu ingreso y tus activos crezcan sin que tu estilo de vida se coma el margen.

Cuando logras eso, la libertad financiera deja de ser una promesa inspiradora y se vuelve una realidad práctica. No porque todo sea perfecto, sino porque todo está diseñado. Y un sistema diseñado no te exige heroísmo; te ofrece consistencia. En noventa días, esa consistencia puede convertirse en hábito. Y un hábito, sostenido, es la forma más silenciosa y más poderosa de ganar una década.

Conclusión — Riqueza real: ver lo invisible y elegir distinto

La riqueza real empieza donde casi nadie mira: en lo invisible. No en el titular que promete atajos, ni en la foto del resultado final, ni en el golpe de suerte que te gustaría contar. Empieza en las decisiones pequeñas que tomas cuando nadie te aplaude. Empieza en las frases que te dices por dentro antes de gastar, en la pausa que haces antes de endeudarte, en la regla que te detiene cuando estás cansado, en la claridad con la que revisas tus números sin drama. A lo largo de este libro has visto una y otra vez la misma idea con distintas máscaras: el dinero rara vez es el problema principal. El problema principal es la forma en que tus hábitos, tu entorno y tu mente convierten el dinero en una fuerza automática. Y cuando algo es automático, no lo eliges. Te sucede.

Lo más liberador es que no necesitas convertirte en un ser humano perfecto para cambiar tu destino financiero. No necesitas "ser otra persona"; necesitas un sistema que funcione con tu humanidad. Esa frase es un punto de inflexión porque te saca del ciclo más común: prometerte que ahora sí tendrás disciplina, fallar cuando la vida aprieta, sentir culpa, y volver a empezar con una promesa aún más dura. Ese ciclo cansa. Y cuando estás cansado, gastas peor, decides peor, te escondes más. Un sistema, en cambio, no te exige heroicidad constante. Te exige diseño. Te pide que asumas que habrá días de ansiedad, días de comparación, días de urgencia, días de agotamiento. Y aun así, te ofrece una estructura que te cuida. Eso es madurez financiera: dejar de depender de tu mejor versión y construir algo que también sostenga tu versión vulnerable.

Ver lo invisible significa reconocer que los grandes cambios no nacen de grandes gestos, sino de una serie de ajustes que parecen pequeños hasta que se acumulan. Las fugas invisibles no te

125

destruyen por su tamaño, sino por su constancia. Las comisiones, las suscripciones, los "peajes" de la desorganización, el gasto emocional disfrazado de recompensa, las decisiones tomadas por urgencia social, la deuda normalizada que te roba margen sin hacer ruido. Todo eso se siente insignificante en el momento. Pero lo insignificante repetido se convierte en destino. La riqueza real aparece cuando entrenas tu mirada para detectar esos drenajes y, sin dramatismo, cortarlos o rediseñarlos. No para vivir limitado, sino para vivir elegido.

Elegir distinto no es elegir menos; es elegir mejor. Es aprender a distinguir deseo de necesidad y necesidad de estatus. Es aprender a comprar con criterio y no con emoción. Es reconocer que hay placeres que te recargan y placeres que te anestesian. Es dejar de usar el dinero como analgésico para dolores que requieren otra cosa: descanso, límites, pertenencia real, autoestima, dirección. Es darte lo que de verdad estabas buscando, sin hipotecar tu futuro. Y eso no se logra con regaños. Se logra con honestidad, con sustitución inteligente y con reglas que te protejan cuando tu mente quiera negociar.

La riqueza se construye cuando piensas mejor, decides mejor y cierras fugas invisibles. Pensar mejor significa dejar de mirar solo el precio y empezar a mirar el costo total. Significa entender el ritmo del dinero, no solo el monto. Significa ver que tu tiempo también es un activo y que muchos "ahorros" te cuestan horas y energía. Significa comprender que tu perfil emocional define tu estrategia, especialmente al invertir, porque el mercado no castiga tanto la ignorancia como castiga la reacción impulsiva. Pensar mejor es ampliar el horizonte. Es salir del "ahora" como único criterio y empezar a actuar desde un futuro que te importa.

Decidir mejor significa tener un marco. Un marco para tus compras, para tu deuda, para tu ahorro, para tu inversión, para tus decisiones grandes. Decidir mejor no es tomar siempre la decisión óptima; es reducir la frecuencia de decisiones que te dañan. Es tener un calendario de revisión para que el dinero no invada tu mente todos los días. Es automatizar lo importante para que el sistema funcione incluso cuando no tienes energía. Es construir barreras que hagan más difícil el impulso y más fácil el objetivo. Cuando decides mejor, el dinero deja de ser una lucha diaria y se vuelve una conversación ordenada contigo.

Cerrar fugas invisibles, finalmente, es el arte silencioso del progreso. No es glamoroso, pero es poderoso. Significa que tu margen crece sin que trabajes más horas. Significa que tu tranquilidad aumenta sin que te vuelvas rígido. Significa que las sorpresas no te devuelven a cero. Significa que tus aumentos de ingreso se convierten en libertad, no en nuevas cadenas. Cada fuga cerrada es una parte de tu vida recuperada. Porque el dinero que se va sin sentido no es solo dinero; es esfuerzo perdido, es tiempo que ya diste, es energía que ya gastaste. Recuperar eso es recuperar dignidad.

En el fondo, lo que has construido aquí no es un conjunto de trucos. Es un estilo de vida financiero que se sostiene. Has aprendido a mirar tu guion interno, a detectar sesgos que te roban sin pedir permiso, a diseñar hábitos que no dependan de voluntad, a resistir la inflación del estilo de vida, a auditar los drenajes diarios, a tomar decisiones grandes con criterio, a salir de la deuda sin autoengaño, a construir ingresos con estrategia, a ahorrar como quien compra opciones, a invertir desde reglas y no desde titulares. Todo eso apunta a una sola cosa: que tu vida no sea un accidente financiero. Que sea una elección.

La riqueza real también tiene una dimensión relacional. No solo porque el dinero afecta a la pareja o a la familia, sino porque tus decisiones financieras están influenciadas por tu entorno. Elegir distinto a veces significa decir no con elegancia. Significa buscar un círculo que no te arrastre a planes caros por inercia. Significa construir una comunidad de estándar, personas y referencias que te recuerden que vivir bien no equivale a gastar sin freno.

Significa tener conversaciones que antes evitabas, porque evitarlas era cómodo pero costoso. Cuando haces esto, no solo mejoras tus números. Mejoras tu paz.

Y aquí está la verdad más práctica para cerrar: el próximo paso no es "hacerlo perfecto". El próximo paso es repetir el ciclo cada 90 días. Cada vuelta te hace más libre, más claro y más dueño de tu vida. Repetir no es aburrido; es acumulativo. En la primera vuelta, quizás limpies fugas y construyas un mini-fondo. En la segunda, consolides automatización y ataque de deuda o aportes de inversión. En la tercera, subas ingreso y construyas un activo. Luego vuelves a mirar tu mapa y ajustas. La vida cambia, tus prioridades cambian, tu sistema también debe ajustar. La repetición te mantiene alineado, y la alineación es lo que convierte el esfuerzo en seguridad.

Con cada ciclo, tus decisiones se vuelven menos emocionales y más intencionales. Tu ansiedad baja porque tienes estructura. Tu margen crece porque tus fugas se reducen. Tu autoestima mejora porque te cumples. Tu futuro se siente menos como amenaza y más como espacio. Y ese cambio no es solo financiero. Es existencial. Porque cuando el dinero deja de ser un problema constante, recuperas atención para lo que de verdad importa: tu salud, tus relaciones, tu creatividad, tu descanso, tu propósito. La riqueza real es eso: no solo tener más, sino necesitar menos para sentirte bien y tener opciones para elegir lo que quieres.

Si hay una imagen final que vale la pena llevarte, es esta: no estás construyendo una cifra, estás construyendo un sistema. La cifra sube y baja, la vida se mueve, el mercado cambia. El sistema, si está bien diseñado, permanece. Y cuando el sistema permanece, tú también. Te mantienes firme en semanas difíciles, te mantienes humilde en semanas buenas, te mantienes claro cuando otros se confunden. Esa estabilidad es una forma de riqueza que no depende de un golpe de suerte, porque está basada en conducta y estructura.

Ver lo invisible y elegir distinto es, al final, un acto de respeto por ti. No por tu "yo ideal", sino por tu yo real, con emociones, con cansancio, con deseos, con historia. Le estás diciendo: no voy a exigirte perfección; voy a darte un camino. Y ese camino, repetido, se convierte en libertad. No como una meta inspiradora que siempre se aleja, sino como una práctica diaria que te devuelve, paso a paso, el control de tu vida.